Grammaire française

Nathalie Baccus

Grammaire française

Librio

Texte intégral

SOMMAIRE

- I -

Les natures

ADJECTIF

1) CARACTÉRISTIQUES ESSENTIELLES

L'adjectif est un mot qui s'ajoute à un nom, auquel il apporte une précision.

Ex. : *une robe **blanche***

Il n'est pas obligatoire dans le groupe nominal.

Ex. : *une robe*

Cette caractéristique le distingue des déterminants qui, eux, sont obligatoires dans le groupe nominal (Voir Déterminant, p. 18.).

Ex. : ~~*robe blanche*~~

Il est variable en genre et en nombre.

2) RÈGLES D'ACCORD

a) Règle générale

L'adjectif s'accorde en genre et en nombre avec le nom dont il dépend.

Ex. : *une robe **blanche** – des pantalons **blancs***

b) La marque du féminin est la voyelle finale -e muet

Ex. : *petit / **petite** – bleu / **bleue***

– Les adjectifs épicènes (se terminant par la voyelle -e) ont la même forme au masculin et au féminin.

Ex. : *une robe / un pantalon **magnifique** – une robe / un pantalon **sale***

– Pour les adjectifs se terminant par -l, -en, -on, -s ou -et, le passage au féminin entraîne le doublement de la consonne finale.

Ex. : *réel / **réelle** – ancien / **ancienne** – bon / **bonne** – gras / **grasse** – net / **nette***

Remarque : Les adjectifs COMPLET, INCOMPLET, CONCRET, DISCRET, INDISCRET, INQUIET et SECRET ont un féminin en -ète.

– Pour les adjectifs se terminant par la consonne -r, on observe l'adjonction d'un accent grave.

Ex. : *léger / **légère** – fier / **fière***

– On observe aussi parfois un changement de la consonne finale du masculin.

Ex. : *mou* / ***molle*** – *voleur* / ***voleuse*** – *protecteur* / ***protectrice*** – *neuf* / ***neuve***

c) La marque du pluriel est la lettre -s

Ex. : *petit* / ***petits*** – *bleu* / ***bleus***

– Les adjectifs en -s ou -x ne varient pas.

Ex. : *soucieux* / ***soucieux*** – *las* / ***las***

– Les adjectifs BEAU, NOUVEAU, JUMEAU et HÉBREU ont un pluriel en -x.

Ex. : *beau* / ***beaux*** ; *hébreu* / ***hébreux***

– Les adjectifs en -al ont un pluriel en -aux, sauf BANAL, BANCAL, CÉRÉMONIAL, FATAL, NATAL et NAVAL.

Ex. : *des bâtiments* ***médiévaux*** – *des meubles* ***bancals***

d) Accords particuliers

– Quand l'adjectif dépend de plusieurs noms coordonnés, il se met au pluriel.

• Si ces noms sont de même genre, l'adjectif prend ce genre.

Ex. : *une robe et une jupe* **blanches** (Fém. Sing. + Fém. Sing. = Fém. Plur.)

• Si ces noms sont de genres différents, l'adjectif se met au masculin pluriel.

Ex. : *une robe et un pantalon* **blancs** (Fém. Sing. + Masc. Sing. = Masc. Plur.)

– Quand le nom est déterminé par un nom collectif suivi de son complément (UN GROUPE DE, UNE TROUPE DE...), l'adjectif peut s'accorder avec le collectif ou avec son complément, selon le sens.

Ex. : *une troupe de soldats* ***italienne*** / ***italiens***

– Avec la locution AVOIR L'AIR, l'accord se fait généralement avec le sujet.

Ex. : *Cette fillette a l'air* **fatiguée**. – *Cette pomme a l'air* **appétissante**.

Toutefois, l'accord avec *air* est possible, si le sujet est un nom animé.

Ex. : *Cette fillette a l'air* **fatigué**. – ~~*Cette pomme a l'air bon*~~

e) Les adjectifs invariables

– Les adjectifs de couleur ne s'accordent pas quand :

• une couleur est définie par deux mots

Ex. : *des yeux* ***bleu-vert*** – *des robes* ***bleu pâle*** – *des lèvres* ***rouge cerise***

• ce sont des noms employés adjectivement (sauf ÉCARLATE, MAUVE, POURPRE et ROSE)

Ex. : *des robes* ***cerise, citron*** *– des robes* ***mauves, roses***

– Dans les adjectifs composés, quand le premier adjectif est employé adverbialement, il ne varie pas.

Ex. : *une femme* ***court*** *vêtue*

– DEMI et NU antéposés sont invariables.

Ex. : *une* ***demi****-heure* (mais *une heure et* ***demie***)

Ex. : ***nu****-tête* (mais *tête* ***nue***)

3) Fonctions de l'adjectif

a) **Dans le groupe nominal, l'adjectif peut être épithète.** Il se trouve à côté du nom (antéposé ou postposé), sans que rien ne l'en sépare.

Ex. : *Je me suis acheté une robe* ***blanche****.*

b) **Il peut aussi être épithète détachée.** Il est alors séparé du nom par une pause importante, traduite à l'écrit par des virgules. Dans ce cas, il est mobile dans la phrase.

Ex. : ***Admiratifs,*** *les élèves restèrent bouche bée.*
Les élèves, ***admiratifs,*** *restèrent bouche bée.*

c) **Enfin, dans le groupe verbal, il peut exercer la fonction d'attribut** (du sujet ou du complément d'objet).

Ex. : *Ces enfants sont* ***charmants****.*

Ex. : *Je les trouve* ***charmants****.*

4) Participe passé

Employé sans auxiliaire et à l'intérieur d'un groupe nominal, le participe passé fonctionne comme un adjectif : il s'accorde selon les mêmes règles et peut exercer les mêmes fonctions.

Ex. : *Les magasins* ***décorés*** *attiraient l'attention.* (épithète)

Ex. : ***Effrayée,*** *la jument partit au galop.* (épithète détachée)

Ex. : *Elle semblait* ***fatiguée****.* (attribut du sujet)

Ex. : *Je la trouve* ***fatiguée****.* (attribut du complément d'objet)

Le participe présent exerce aussi parfois les fonctions de l'adjectif.

5) Remarque

Ex. : *le* ***premier*** *homme – un* ***mien*** *ami – l'****autre*** *livre*
Il faudra prendre garde à ne pas considérer ces adjectifs comme des déterminants numéraux, possessifs ou indéfinis.

ADVERBE

1) Caractéristiques essentielles

L'adverbe – comme l'adjectif par rapport au nom – apporte une précision sur un adjectif, un verbe, un autre adverbe, une préposition ou toute une proposition.

Ex. : *Il est* **très** *aimable. – Lisez* **attentivement** *ce texte. – La voiture roule* **extrêmement** *vite. – Elle est assise* **tout** *près de lui. –* **Manifestement**, *ils n'ont rien vu.*

Comme le mot auquel il se réfère n'a ni genre ni nombre propres, l'adverbe est invariable. Cette caractéristique le distingue de l'adjectif. Enfin, il n'est pas obligatoire dans la phrase, ce qui le distingue de la préposition.

Ex. : *J'étais assise* **devant**. (adverbe)
Ex. : *J'étais assise près de lui.* (locution prépositive)

2) Valeurs et emplois

a) Il existe des adverbes de *manière*, qui sont adossés à un adjectif ou à un verbe.

Ex. : *C'est un produit* **médicalement** *fiable.*
Ex. : *La voiture roule* **vite**.

b) Certains adverbes expriment le *degré*. Ils accompagnent un adjectif, un autre adverbe ou un verbe.

– Ils peuvent indiquer un degré de comparaison dans la construction du comparatif (supériorité, égalité, infériorité) ou celle du superlatif (le plus haut degré, le plus bas degré).

Ex. : *Il est* **plus / aussi / moins** *gentil que sa sœur.*
Il court **plus / aussi / moins** *vite que sa sœur.*
Il travaille **mieux / autant / moins** *que sa sœur.*

Ex. : *Il est* **le plus / le moins** *gentil.*
C'est lui qui court **le plus / le moins** *vite.*
C'est lui qui travaille **le plus / le moins**.

– Ils peuvent aussi indiquer un degré d'intensité (haut, moyen, ou bas degré).

Ex. : *Il est* très / assez / peu *gentil.*

Ex. : *Il court* très / assez / peu *vite.*

Ex. : *Il travaille* beaucoup / assez / peu.

Remarque : L'expression du degré nul équivaut à la négation.

Ex. : *Il n'est* pas / point / guère / plus / jamais... *gentil.*

Ex. : *Il ne court* pas / point / guère / plus / jamais... *vite.*

Ex. : *Il ne travaille* pas / point / guère / plus / jamais...

(Voir Négation, p. 102.)

c) Les adverbes qui expriment la *restriction* portent exclusivement sur le verbe.

Ex. : *Elle aime* surtout / particulièrement *ce tableau.*

d) Les adverbes de *lieu* complètent nécessairement les verbes dits « locatifs » (de situation) ou sont adjoints à la proposition.

Ex. : *Elle habite* ici.

Ex. : Là-haut, *on voyait des nuages gris.*

e) Les adverbes de *temps* complètent une proposition.

Ex. : Hier, *je suis allée à la bibliothèque.*

f) Les adverbes de *mesure* complètent nécessairement des verbes de temps, de poids, de prix.

Ex. : *Ce film dure* longtemps.

Ex. : *Ce canapé pèse* lourd.

Ex. : *Ce chapeau coûte* cher.

g) Il existe enfin des adverbes de *discours*.

– Certains d'entre eux précisent l'attitude de l'énonciateur par rapport à l'énoncé.

Ex. : *Il a* sûrement *été retardé.*

Ex. : Heureusement, *il ne lui est rien arrivé.*

– D'autres permettent d'articuler, d'organiser le discours de façon chronologique ou logique.

Ex. : D'abord / ensuite / enfin, *j'aborderai le problème de la pollution.*

Ex. : En revanche / cependant / ainsi / par conséquent / donc, *c'est un problème insoluble.*

h) Les adverbes OUI, SI et NON peuvent être considérés comme des interjections ; ils peuvent constituer, à eux seuls, une phrase.
(Voir Interjection, p. 34.)

i) Les adverbes OÙ, QUAND, POURQUOI, COMBIEN et COMMENT peuvent en outre être utilisés comme mots interrogatifs.
Ex. : *Combien coûte ce livre ?*
Ex. : *Pourquoi n'est-elle pas venue ?*

3) FONCTIONS DE L'ADVERBE

L'adverbe peut exercer les fonctions de complément :
– circonstanciel facultatif de la phrase ou du verbe
Ex. : *L'euro a fait son apparition* ***avant-hier.***
Ex. : *Je vais* ***souvent*** *en Bretagne.*
– circonstanciel essentiel du verbe locatif ou de mesure
Ex. : *Je vais* ***là-bas*** *trois fois par an.*
Ex. : *Ce film dure* ***longtemps.***
– de l'adjectif
Ex. : *Ce banquier est* ***très*** *aimable.*
– du nom
Ex. : *Ma grand-mère parlait toujours des fêtes* ***d'autrefois.***
– du pronom
Ex. : *Aujourd'hui, le pain est frais ; celui* ***d'hier*** *ne l'était pas.*

CONJONCTION de COORDINATION

1) Caractéristiques essentielles

a) La conjonction est, comme son nom l'indique, un outil de liaison.
Elle est un mot invariable. On distingue les conjonctions de coordination et les conjonctions de subordination.

b) La conjonction de coordination relie deux éléments (mots, groupes de mots ou propositions) qui ont la même fonction dans la phrase.
Les deux éléments coordonnés sont donc d'égale importance et autonomes l'un par rapport à l'autre. L'un ou l'autre des éléments peut être supprimé.

Ex. : *J'aime les desserts au chocolat* et *ceux aux fruits.*

Ex. : *Il s'abrita* car *de gros flocons commençaient à tomber.*

c) La conjonction de coordination n'exerce aucune fonction dans la phrase.

d) Les conjonctions de coordination sont au nombre de six : MAIS, OU, ET, OR, NI, CAR.
En effet, de par son fonctionnement particulier, DONC doit être classé dans la catégorie des adverbes de discours (articulation logique).
(Voir Adverbe, 2.g, p. 13.)

2) Valeurs et emplois

a) MAIS est utilisé pour corriger l'énoncé de la proposition précédente.

Ex. : *Tout l'accusait mais son alibi était solide.*

b) OU exprime une alternative. Il peut être exclusif ou inclusif.
Quand plusieurs sujets sont reliés par OU, le verbe se met :
– au singulier si OU est exclusif

Ex. : *Papa ou Michel prendra le volant.* (l'un à la fois)

– au pluriel si OU est inclusif
Ex. : *Papa ou Michel iront au marché.* (les deux peuvent y aller simultanément)
(Voir Verbe, 4.e, p. 73.)

c) ET peut exprimer :
– une réunion de deux ensembles
Ex. : *Elle a acheté des collants verts et rouges.* (des collants verts et des collants rouges)
– une intersection de deux ensembles
Ex. : *Elle a acheté des collants vert et rouge.* (des collants de deux couleurs)
– une succession dans le temps
Ex. : *Je termine cet article* **et** *j'arrive.*
– une conséquence
Ex. : *Il pleut* **et** *l'on se met à l'abri.*
– une opposition
Ex. : *J'ai peu dormi* **et** *ne suis pas fatigué.*

d) OR introduit un argument, une objection par rapport à l'énoncé de la proposition précédente.
Ex. : *Tout l'accusait or il fut libéré.*
On trouve surtout OR dans les syllogismes.
Ex. : *Tous les hommes sont mortels. / Or Socrate est un homme. / Donc Socrate est mortel.*

e) NI est la négation de ET et OU.
Il s'emploie obligatoirement avec l'adverbe de négation NE (N').
(Voir Négation, 2.a, p. 102.)
Il peut être répété ou n'apparaître qu'une seule fois.
Ex. : *Je n'ai* **ni** *cigare* **ni** *cigarette à vous offrir.*
Ex. : *Cet homme ne boit* **ni** *ne fume.*
Comme pour OU, quand plusieurs sujets sont reliés par NI, le verbe se met au singulier si NI est exclusif ou au pluriel si NI est inclusif.
Ex. : **Ni** *Papa* **ni** *Michel ne prendra le volant.*
Ex. : **Ni** *Papa* **ni** *Michel n'iront au marché.*
(Voir Verbe, 4.e, p. 73.)

f) CAR apporte une justification à l'énoncé de la proposition précédente.
Ex. : *Il fut libéré* **car** *son alibi était solide.*

CONJONCTION de SUBORDINATION

1) Caractéristiques essentielles

a) La conjonction est, comme son nom l'indique, un outil de liaison.
Elle est un mot invariable. On distingue les conjonctions de coordination et les conjonctions de subordination.

b) La conjonction de subordination relie deux propositions dont l'une, la subordonnée, est dépendante de l'autre, la principale.
La proposition subordonnée exerce alors une fonction dans la phrase.
Ex. : *Je me demande si Marie viendra.*
(Dans cette phrase, la proposition subordonnée introduite par *si* est complément d'objet direct du verbe *demande*.)

c) La conjonction de subordination est placée en tête de la proposition enchâssée et n'y exerce aucune fonction.
Cette caractéristique la distingue des pronoms relatifs qui, eux, exercent une fonction dans la proposition subordonnée.

d) QUAND, COMME, SI, QUE et toutes les locutions contenant QUE sont des conjonctions de subordination.
Les locutions proviennent de la composition de mots divers avec la conjonction QUE : ALORS QUE, DEPUIS QUE, AVANT QUE, QUOIQUE, PARCE QUE, DE PEUR QUE, À CONDITION QUE, EN ATTENDANT QUE, À SUPPOSER QUE...

2) Valeurs et emplois

a) QUAND exprime un rapport de temps.
Ex. : *Je me lèverai* **quand** *il fera jour.*
QUAND peut aussi être adverbe interrogatif.

b) COMME exprime un rapport de comparaison, de cause ou de temps.
Ex. : *Il cria, comme il l'avait déjà fait.*
Ex. : *Comme il fait beau, je ne prends pas mon parapluie.*
Ex. : *Comme j'allais partir, le téléphone sonna.*

c) SI exprime un rapport d'hypothèse, de comparaison hypothétique (avec COMME) ou d'opposition.

Ex. : *Je sortirai si le temps le permet.*

Ex. : *Il cria comme si un drame était arrivé.*

Ex. : *S'il n'a pas réussi, du moins a-t-il fait beaucoup d'efforts.*

SI peut aussi être adverbe interrogatif ou interjection.

d) QUE peut être utilisé très largement.

QUE peut aussi être pronom relatif ou interrogatif.

e) Les locutions ont, elles, généralement, un sens unique.

DÉTERMINANT

a) Le déterminant est un mot qui précède obligatoirement le nom dans la phrase, quand celui-ci est sujet ou complément d'objet du verbe.

Ex. : *Le chien traverse la rue.*
~~Chien traverse rue~~.

b) Le déterminant permet d'inscrire le nom dans une situation d'énonciation précise, de l'identifier, de le concrétiser. Sans lui, le nom reste virtuel.

Ex. : cet *enfant* (celui que je vois, dont je parle, celui-là précisément)
Enfant (reste une abstraction)

Remarques :

1) Dans l'exemple ci-dessous, un déterminant pourrait être rétabli.
Ex. : *Hommes et femmes prirent le chemin de l'église.*

2) Dans une apostrophe, l'être dont il est question est déjà identifié. Il apparaît donc sans déterminant.
Ex. : *Amis, soyez les bienvenus !*

3) Le nom propre apparaît, lui aussi, sans déterminant, puisqu'il se définit de lui-même.
Ex. : *Paris, Picasso, Gandhi...* (ils sont uniques, se définissent d'eux-mêmes)

(Voir Nom, 3, p. 36.)

c) Le déterminant varie en genre et en nombre, genre et nombre qu'il reçoit du nom qu'il accompagne.

d) Il est la marque spécifique du nom. Grâce à lui, n'importe quel mot ou élément peut être transformé en nom.

Ex. : *Avec* des *si, on mettrait Paris en bouteille.*
Ex. : *Vos i sont très mal écrits.*

e) Parmi les déterminants, on distingue :
- les articles
- les déterminants démonstratifs
- les déterminants indéfinis
- les déterminants interrogatifs / exclamatifs
- les déterminants numéraux
- les déterminants possessifs
- les déterminants relatifs.

DÉTERMINANT : ARTICLE

1) Caractéristiques essentielles

On distingue les articles :
- définis
- indéfinis
- partitifs.

2) Valeurs et emplois

a) L'article défini s'emploie devant un nom qui évoque un être ou une chose connus ou dont il a déjà été question.

Ex. : *Le chat est un mammifère.*

Il peut être utilisé pour déterminer des objets comptables ou non comptables.

Ex. : *les chats – la soupe – l'intelligence*

b) L'article indéfini s'emploie devant un nom qui représente un être ou une chose non encore identifiés ou dont il n'a pas encore été question.

Ex. : *Un chat noir traversait la rue.*

Il désigne des objets comptables.

Ex. : *un veau – des chats*

c) L'article partitif détermine des objets non comptables.

Ex. : *du riz – de l'intelligence*

d) Remarque : Un nom peut passer d'une catégorie à une autre (de non comptable à comptable, ou l'inverse). C'est le choix de l'article qui indique ce changement.

Ex. : *Sur l'étal, des riz divers étaient présentés ; il y en avait de toutes sortes.* (passage du non-comptable au comptable)

Ex. : *Elle choisit de prendre du veau Orloff.* (passage du comptable au non-comptable)

3) TABLEAU DES ARTICLES

	NOM SINGULIER		NOM PLURIEL	
	masc.	fém.	masc.	fém.
définis				
formes simples	le l' (initiale vocalique)	la	les	
formes contractées	au du	/ /	aux des	
indéfinis	un	une	des	
partitifs	du de l'	de la	/	

Remarques :
1) Il ne faut pas confondre DES, forme contractée de l'article défini, et DES, article indéfini.
DES est article défini quand il est la contraction de DE + LES.

Ex. : *Le chien* **des** *voisins est féroce. – J'adore les fraises* **des** *bois.*

Il est article indéfini dans les autres cas.

Ex. : *Je mange* **des** *fraises.*

2) De la même façon, il faut distinguer DU, forme contractée de l'article défini et DU, article partitif.
DU est article défini quand il est la contraction de DE + LE.

Ex. : *Le chien* **du** *voisin est féroce. – J'adore le parfum* **du** *curry.*

Il est partitif dans les autres cas.

Ex. : *Il y avait* **du** *vin sur la nappe.*

3) DE LA et DE L' devant un nom non comptable sont des articles partitifs.

Ex. : *Maman faisait souvent* **de la** *soupe.*

Ex. : *Je voudrais* **de l'***eau.*

Dans les autres cas, il s'agit de la combinaison de la préposition DE avec l'article défini LA ou L'.

Ex. : *Le chien de* **la** *voisine est féroce.*

Ex. : *Je déteste l'odeur de* **l'***ail.*

4) DE est préféré à DES, dans la langue soutenue, lorsque le nom commun est précédé d'un adjectif épithète.

Ex. : *Elle a* **de** *longs cheveux blonds.*

DÉTERMINANT DÉMONSTRATIF

1) Caractéristiques essentielles

Le déterminant démonstratif accompagne un nom qui évoque un être ou une chose présents dans la situation d'énonciation ou dans le contexte.

Ex. : *Ces fleurs sont superbes ! / Ces fleurs-là sont superbes !*

2) Valeurs et emplois

Le déterminant démonstratif peut référer à un être ou une chose :
– présents dans la situation d'énonciation.
Il a alors une valeur déictique.

Ex. : *Ouvre* cette *fenêtre ; on étouffe ici.*

(Voir Énonciation, p. 100.)
– présents dans la ou les phrases du discours.

Il a une valeur anaphorique quand il reprend un élément déjà évoqué dans le texte.

Ex. : *J'ai lu un roman de Hugo Claus.* Cet *ouvrage est vraiment sensationnel.*

Il a une valeur cataphorique quand il présente un élément qui sera identifié dans la suite du texte.

Ex. : Cet *ouvrage est vraiment sensationnel. Il s'agit du roman* Le Chagrin des Belges, *de Hugo Claus.*

3) Tableau des déterminants démonstratifs

	NOM SINGULIER		NOM PLURIEL	
	masc.	fém.	masc.	fém.
formes simples	ce cet (initiale vocalique)	cette	ces	
formes renforcées	ce... -ci/là cet... -ci/là	cette... -ci/là	ces... -ci/là	

IV. Les natures : déterminant démonstratif

Remarques :

1) Toutes les formes simples peuvent être doublées par une forme renforcée.

Ex. : *ce livre, ce livre-ci, ce livre-là ; cette fleur, cette fleur-ci, cette fleur-là ; ces fleurs, ces fleurs-ci, ces fleurs-là*

2) À l'origine l'adverbe -CI (ICI) indiquait la proximité, tandis que -LÀ marquait l'éloignement. En français moderne, toutefois, la forme avec -LÀ est utilisée, même dans le cas où l'objet désigné est proche.

Ex. : *Prête-moi ce stylo-là.*

DÉTERMINANT INDÉFINI

1) Caractéristiques essentielles

Le déterminant indéfini peut indiquer une quantité ou une identité imprécises, voire un refus d'identification.

2) Valeurs et emplois

a) Les déterminants indéfinis qui expriment une *quantité nulle* sont AUCUN, NUL et PAS UN.

Ex. : ***Aucune*** *amie n'est venue me voir.*

Ex. : ***Nulle*** *amie n'est venue me voir.*

Ex. : ***Pas une*** *amie n'est venue me voir.*

Ces trois déterminants ne varient qu'en genre, sauf si le nom qu'ils accompagnent n'apparaît qu'au pluriel.

Ex. : *Il n'eut droit à* ***aucunes*** *funérailles officielles.*

b) Les déterminants qui expriment une *unicité* sont :

– CHAQUE et TOUT

Ex. : *Tu lisais* ***chaque*** *jour de la semaine.*

Ex. : ***Tout*** *élève doit avoir son matériel.*

Ces déterminants sont distributifs ; ils montrent que l'on considère les éléments d'un ensemble pris un à un. Dans cet usage, ils ne varient donc pas en nombre.

– CERTAIN, N'IMPORTE QUEL (N'IMPORTE LEQUEL...), QUELQUE et TEL

Ex. : *Il a lu cette information dans* ***certain*** *journal /* ***certaine*** *revue.*

Ex. : *Il a lu cette information dans* ***n'importe quel*** *journal /* ***n'importe quelle*** *revue.*

Ex. : *Si cela était vrai,* ***quelque*** *journal /* ***quelque*** *revue en aurait parlé.*

Ex. : *Il a lu cela dans* ***tel*** *journal /* ***telle*** *revue.*

Ces quatre déterminants marquent une volonté de ne pas préciser l'identité de l'objet désigné. Ils ne varient, eux aussi, qu'en genre.

c) Les déterminants indéfinis qui expriment une pluralité sont :

– CERTAINS

Ex. : ***Certains** arbres restent toujours verts.*

Ce déterminant varie en genre et évoque une pluralité restreinte.

– DIVERS, DIFFÉRENTS

Ex. : ***Divers** journaux / **diverses** revues relataient cet événement.*

Ex. : ***Différents** journaux / **différentes** revues relataient cet événement.*

Ces deux déterminants sont toujours employés au pluriel et varient en genre. Ils ne précisent pas l'identité des objets désignés.

– MAINT

Ex. : *Il a envoyé **maint** courrier.*

Ex. : ***Maintes** personnes ont répondu à son appel.*

Ce déterminant varie en genre et en nombre.

– PLUS D'UN

Ex. : ***Plus d'une** personne est venue.*

PLUS D'UN ne varie qu'en genre.

– PLUSIEURS et QUELQUES

Ex. : *J'ai reçu **plusieurs** lettres.*

Ex. : *J'ai invité **quelques** amis.*

Ces deux déterminants évoquent une quantité restreinte et une identité indéterminée.

– Les formes composées : ASSEZ DE, BEAUCOUP DE, TROP DE..., UNE FOULE DE, UNE MASSE DE, UN TAS DE...

Ex. : *Il n'y avait pas **assez de** spectateurs pour remplir la salle.*

Ex. : ***Une foule de** spectateurs attendaient devant le théâtre.*

Ces déterminants indéfinis, à base adverbiale ou nominale, évoquent une quantité indéterminée.

d) QUEL... QUE (+ être) et TOUT expriment la *totalité*.

Ex. : ***Quels que** soient ses défauts, il est quand même bien sympathique.*

Ex. : *Je ne veux pas de **toute** cette soupe !*

Dans ce cas, QUEL... QUE et TOUT désignent la totalité d'un ensemble ou d'une propriété et varient en genre et en nombre. Ils sont alors très souvent accompagnés d'un autre déterminant (dans les exemples, SES ou CETTE).

3) Remarque

Certains déterminants indéfinis peuvent, selon le contexte, avoir d'autres natures.

a) AUCUN, NUL et PAS UN, de même que PLUSIEURS et CERTAINS sont aussi des pronoms indéfinis.

Ex. : *Aucun / Nul / Pas un n'est venu.*
Ex. : *Des romans anglais ? J'en ai lu plusieurs / certains.*

b) CERTAIN, DIVERS, DIFFÉRENT, NUL et TEL peuvent, quant à eux, être adjectifs.

Ex. : *Il est toujours certain d'avoir raison.*
Ex. : *Ils avaient des avis fort divers / différents sur la question.*
Ex. : *Ce match s'est soldé par un score nul.*
Ex. : *Elle éprouvait une tristesse telle qu'elle en était paralysée.*

c) QUELQUE est parfois adverbe et invariable ; il signifie alors « environ ».

Ex. : *Il y a quelque trois cents ans de cela.*

d) TOUT peut, quant à lui, être aussi :

– adjectif
Ex. : *Pour tout vêtement, elle avait une robe déchirée.*
– pronom indéfini
Ex. : *Elle devait prendre un train, mais tous étaient bondés.*
– nom
Ex. : *Ces quatre chapitres forment un tout.*
– adverbe
Ex. : *Elle était tout émue.*

Remarque : TOUT adverbe varie en genre et en nombre devant un mot féminin commençant par une consonne ou un h aspiré.
Ex. : *Elle était toute rouge. – Elles étaient toutes honteuses.*

DÉTERMINANT INTERROGATIF / EXCLAMATIF

1) CARACTÉRISTIQUES ESSENTIELLES

Ces déterminants sont utilisés dans des phrases interrogatives (pour les déterminants interrogatifs) ou dans des phrases exclamatives (pour les déterminants exclamatifs).

Ex. : *Quel roman de Victor Hugo avez-vous lu ?*
Ex. : *Combien de romans de Victor Hugo avez-vous lus ?* (déterminants interrogatifs)
Ex. : *Quels superbes romans j'ai lus !*
Ex. : *Combien de romans de Victor Hugo j'ai lus !* (déterminants exclamatifs)

QUEL, QUELLE, QUELS et QUELLES peuvent se combiner avec les articles définis, pour former les déterminants relatifs.
(Voir Déterminant relatif, p. 33.)

2) TABLEAU DES DÉTERMINANTS INTERROGATIFS / EXCLAMATIFS

NOM SINGULIER		NOM PLURIEL	
masc.	fém.	masc.	fém.
quel	quelle	quels	quelles
combien de			

Remarque : QUEL, QUELLE, QUELS et QUELLES portent sur l'identité, tandis que COMBIEN DE porte sur la quantité.

DÉTERMINANT NUMÉRAL

1) Caractéristiques essentielles

a) Le déterminant numéral indique la quantité précise des objets désignés par le nom.
Il précède toujours le nom, sauf lorsqu'il indique le rang.
Ex. : *Les* ***trois*** *plantes vertes que j'ai achetées sont superbes.*
Remarque : Les numéraux traditionnellement appelés « ordinaux » ne sont pas des déterminants. Ce sont soit des adjectifs (qualificatifs) soit des noms.
Ex. : *J'ai acheté le premier roman de Victor Hugo.* (*premier* est adjectif)
Ex. : *J'ai mangé le quart de ce gâteau.* (*quart* est nom commun)

b) Les déterminants numéraux sont la suite infinie des nombres entiers.
– Il existe des formes simples : un(e), deux, trois, quatre, cinq, six, sept, huit, neuf, dix, onze, douze, treize, quatorze, quinze, seize, vingt, trente, quarante, cinquante, soixante, cent, mil(le).
Elles restent invariables, sauf UN, qui varie en genre uniquement.
Ex. : *J'ai* ***sept*** *paires de chaussures. –* ***Une*** *paire est rouge.*
– Les formes composées restent invariables, mais VINGT et CENT s'accordent au pluriel quand ils sont multipliés et terminent le déterminant numéral.
Ex. : *Cet immeuble avait bientôt* ***quatre-vingts / deux cents*** *ans.*
Ex. : *Cet immeuble avait bientôt* ***quatre-vingt-deux / deux cent deux*** *ans.*
• Les numéraux simples qui constituent les formes composées sont coordonnés par ET quand il s'agit d'une addition de UN et d'une dizaine, jusqu'à SOIXANTE (et dans *soixante et onze*).
Ex. : ***vingt et un ; trente et un ; quarante et un ; cinquante et un...***
• Ils sont juxtaposés, avec un trait d'union, quand l'un et l'autre sont inférieurs à CENT, sauf s'ils sont joints par ET.
Ex. : *Il a* ***vingt-deux / quatre-vingts / quatre-vingt-dix-neuf*** *ans.*
• Ils sont juxtaposés sans trait d'union quand l'un des deux au moins est supérieur à CENT.
Ex. : *Elle a payé* ***cent quatre / deux cent cinq / mille trois cents / six mille deux cent quinze*** *euros.*

2) VALEURS ET EMPLOIS

Lorsqu'il indique le rang (devant un nom de dynastie, d'heure, de chapitre, de page...), le déterminant numéral est postposé.

Ex. : *Lisez la scène* cinq *de l'acte* quatre, *page* quarante-deux.

Les déterminants numéraux peuvent, par ailleurs, être employés comme pronoms et comme noms.

Ex. : *J'ai invité trois copines.* Deux *sont venues.* (*deux* = pronom numéral)

Ex. : *Vos* trois *ressemblent à des* huit *!* (*trois* et *huit* = noms communs)

DÉTERMINANT POSSESSIF

1) Caractéristiques essentielles

a) Le déterminant possessif précise la relation qui existe entre une personne et un objet ou une autre personne.

Ex. : *mon livre – ta cousine – son chien*

Il s'agit d'un rapport de possession mais aussi, et plus généralement, d'un lien entre les deux éléments. Certains grammairiens préfèrent d'ailleurs le nommer « déterminant personnel ».

b) Ce déterminant varie donc en genre, en nombre, et en personne.
Il s'accorde en genre et en nombre avec le nom qu'il accompagne.

Les déterminants possessifs de la première personne (du singulier et du pluriel) renvoient au locuteur ou à un groupe de personnes dont le locuteur fait partie.

Ex. : ***Mon** livre est sur la table.*

Ex. : *Marthe et moi avons acheté **nos** livres chez le même libraire.*

Les déterminants possessifs de la deuxième personne (singulier et pluriel) renvoient à l'interlocuteur ou à un groupe de personnes dont l'interlocuteur fait partie.

Ex. : ***Ton** livre est sur la table.*

Ex. : *Marthe et toi avez acheté **vos** livres chez le même libraire.*

Les déterminants possessifs de la troisième personne (singulier et pluriel) renvoient à une ou des personnes extérieures à la situation d'énonciation (celles dont on parle).

Ex. : ***Son** livre est sur la table.*

Ex. : *Marthe et lui ont acheté **leurs** livres chez le même libraire.*

2) Valeurs et emplois

– Le déterminant possessif est remplacé par un article défini lorsque le rapport de possession est suffisamment marqué par le contexte.

Ex. : *J'ai mal **aux** dents. – Elle perd **la** tête.*

– Le déterminant possessif de la troisième personne du pluriel est :

- LEURS quand on considère qu'il y a plusieurs objets
  Ex. : *Ils promènent leurs chiens.*
- LEUR quand on considère qu'il n'y a qu'un seul objet
  Ex. : *Ils promènent leur chien.*

3) Tableau des déterminants possessifs

	NOM SINGULIER		NOM PLURIEL	
PERSONNE	masc.	fém.	masc.	fém.
1re pers. sing.	mon	ma/mon	mes	
2e pers. sing.	ton	ta/ton	tes	
3e pers. sing.	son	sa/son	ses	
1re pers. plur.	notre		nos	
2e pers. plur.	votre		vos	
3e pers. plur.	leur		leurs	

Remarque : Les déterminants possessifs MON, TON, SON s'utilisent devant un nom féminin commençant par une voyelle et devant un h non aspiré.
Ex. : *mon amie – son horreur*

DÉTERMINANT RELATIF

1) Caractéristiques essentielles

Le déterminant relatif précède un nom et indique que ce nom est mis en relation avec la proposition qui suit.

Ex. : *Ils ont empaqueté des livres,* **lesquels** *livres ont été perdus dans le déménagement.*

Ex. : *J'ai lu quelques revues,* **lesquelles** *revues étaient inintéressantes.*

2) Valeurs et emplois

Le déterminant relatif n'appartient qu'à la langue écrite.

3) Tableau des déterminants relatifs

NOM SINGULIER		NOM PLURIEL	
masc.	fém.	masc.	fém.
lequel auquel duquel	laquelle à laquelle de laquelle	lesquels auxquels desquels	lesquelles auxquelles desquelles

Ces déterminants relatifs sont donc issus de la combinaison de l'article défini (dans certains cas contracté) avec le déterminant interrogatif / exclamatif QUEL.

INTERJECTION

1) Caractéristiques essentielles

L'interjection est une marque de la présence de l'énonciateur dans l'énoncé. Elle apparaît donc le plus souvent dans une phrase exclamative.
Elle peut constituer à elle seule une phrase (d'où son nom de « mot-phrase ») ou être accompagnée d'autres mots.
Elle n'a ni fonction ni place précise dans la phrase.
L'interjection reste toujours invariable.

2) Morphologie

– L'interjection peut, dans certains cas, être une onomatopée (mot créé par référence à un bruit) et ne provenir d'aucune autre catégorie grammaticale.

Ex. : *Broum ! Atchoum ! Beurk ! Pouet-pouet !*

– Elle peut aussi être empruntée à d'autres classes (noms, pronoms, adjectifs, verbes).

Ex. : *Flûte ! Qui ?! Mince ! Allez !*

– L'interjection peut enfin apparaître sous une forme simple ou composée.

Ex. : *Chut !*

Ex. : *Tant pis. – À la bonne heure. – Au revoir.*

– OUI, SI et NON, qui sont des adverbes d'énonciation, peuvent être considérés comme des interjections.

- OUI approuve une affirmation vraie.
  Ex. : *« As-tu déjà mangé ? – Oui. »* (J'ai déjà mangé.)
- SI nie une phrase négative.
  Ex. : *« N'as-tu pas encore mangé ? – Si. »* (J'ai déjà mangé.)
- NON nie une phrase affirmative ou confirme une phrase négative.
  Ex. : *« As-tu déjà mangé ? – Non. »* (Je n'ai pas encore mangé.)
  Ex. : *« N'as-tu pas encore mangé ? – Non. »* (Je n'ai pas encore mangé.)

3) Valeurs et emplois

L'interjection peut exprimer la satisfaction, l'enthousiasme, l'étonnement, le dégoût, l'agacement...

Certaines interjections ont un sens précis et spécialisé.

Ex. : *Beurk !* (dégoût)

Ex. : *Aïe !* (douleur)

D'autres ont un sens qui varie selon le contexte.

Ex. : *Ah ! Je suis contente de te voir.* (satisfaction)

Ex. : *Ah ! Tu m'as fait peur !* (surprise)

Ex. : *Ah ! Cela devait être horrible à voir !* (dégoût)

NOM

1) Caractéristiques essentielles

Le nom assume des fonctions essentielles dans la phrase (sujet, complément, attribut et apposition).
Il est porteur d'un genre.
Il est accompagné d'un déterminant – sauf pour le nom propre –, qui lui apporte la marque du nombre.

2) Nom commun

Le nom commun a une définition, un ensemble de propriétés qui peuvent s'appliquer à divers objets ou individus.

Ex. : *arbre : grand végétal ligneux dont la tige ne porte de branches qu'à partir d'une certaine hauteur au-dessus du sol.*

Ce nom peut s'appliquer à divers objets : bouleau, chêne, saule, pommier...
Le déterminant permet d'identifier alors l'objet ou l'individu auquel il est fait référence.

3) Nom propre

Le nom propre n'a pas de définition. L'objet ou l'individu évoqué est immédiatement identifié, puisqu'il est unique.

Ex. : *Paris, Picasso, Gandhi...*

C'est la raison pour laquelle le nom propre apparaît généralement sans déterminant. Toutefois, on remarque que certains noms propres sont précédés de l'article défini. C'est le cas, notamment, des noms :

- de lieux géographiques
  Ex. : *l'Asie, la France, le Périgord...*
- d'habitants d'un continent, d'un pays, d'une région
  Ex. : *les Asiatiques, les Français, les Périgourdins...*
- d'astres
  Ex. : *la Terre, la Lune, le Soleil...*

– d'époques, d'événements historiques...
Ex. : *la Préhistoire, la Révolution...*
– de monuments, d'œuvres d'art
Ex. : *le Panthéon, la Joconde...*

Tous les noms propres portent la majuscule, ce qui les distingue des noms communs.

Notons, cependant, que le nom propre peut passer dans la catégorie des noms communs. Il apparaît alors sans majuscule, et accompagné d'un déterminant.

Ex. : *une poubelle* (du nom du préfet Poubelle)
Ex. : *un pierrot* (du nom de Pierrot, personnage de la pantomime)
Ex. : *un harpagon* (du nom du personnage de Molière, Harpagon)

4) Genre

Le genre est une propriété du nom commun.
Il existe, en français, deux genres : le masculin et le féminin.

a) Répartition masculin – féminin

Pour les êtres inanimés, la répartition du genre est arbitraire.

Pour les êtres animés, l'opposition des genres est parfois fondée sur l'opposition des sexes.
Ex. : *un garçon / une fille – un chat / une chatte*

Cette règle n'est cependant pas constante.
– Certains noms peuvent, en effet, faire référence à un être masculin ou féminin.
Ex. : *un écrivain – le principal – le maire*

Remarque : l'Académie recommande toutefois l'utilisation de ces noms au féminin : une écrivaine...
– D'autres noms, quant à eux, ne proposent pas la distinction masculin / féminin.
Ex. : *un moustique – une vedette*

Enfin, remarquons que l'opposition du genre permet, souvent, de distinguer les homonymes.
Ex. : *un poêle / une poêle – un page / une page*

b) Distinction masculin – féminin

Pour les êtres inanimés, seul le déterminant marque la distinction masculin – féminin.

Ex. : *un* **lavabo** / *une* **baignoire**

Pour les êtres animés, le nom lui-même peut être porteur de l'un des deux genres, le genre masculin étant alors la forme non marquée, par rapport au féminin.

– Le féminin est très souvent obtenu en ajoutant un -e muet au nom masculin.

Ex. : *un ami* / *une* **amie**

Cette adjonction s'accompagne très souvent d'une modification phonétique et / ou orthographique.

Ex. : *un commerçant* / *une* **commerçante** ([kɔmɛrsɑ̃] / [sɑ̃t])

Ex. : *un fermier* / *une* **fermière** ([fɛrmje] / [jɛr])

– Les noms féminins peuvent aussi être obtenus par adjonction d'un suffixe, avec ou sans modification orthographique du nom masculin. Les suffixes les plus fréquents sont -ESSE et -INE.

Ex. : *un maître* / *une* **maîtresse**

Ex. : *un héros* / *une* **héroïne**

– Certains noms masculins présentent un suffixe qui possède lui-même un féminin. C'est le cas de -eur/-EUSE et de -teur/-TRICE.

Ex. : *un voleur* / *une* **voleuse**

Ex. : *un conducteur* / *une* **conductrice**

– Enfin, l'opposition des genres est parfois marquée par des mots radicalement différents.

Ex. : *un père* / *une* **mère**

Ex. : *un étalon* / *une* **jument**

5) Nombre

À la différence du genre, le nombre n'est pas une propriété du nom.
Il existe deux nombres : le singulier et le pluriel.
Le nombre correspond à un choix opéré en fonction du sens que l'on souhaite donner à l'énoncé.

a) Répartition singulier – pluriel

Le singulier désigne un seul être ou une seule chose, un seul ensemble.

Ex. : *un **chat** – la **souris***

Le pluriel désigne plus d'un être ou plus d'une chose, plus d'un ensemble.

Ex. : *des **chats** – les **souris***

Si un nom non comptable est affecté du pluriel, il passe dans la catégorie des noms comptables.

Ex. : *des **riz***

(Voir Déterminant : article, p. 21.)

Certains noms ont un seul genre.

Ex. : *l'**odorat**, le **sud**...* ne s'emploient qu'au singulier.

Ex. : *les **fiançailles**, les **obsèques**...* ne s'emploient qu'au pluriel.

Remarque : Certains noms ont des significations différentes, selon qu'ils sont employés au singulier ou au pluriel.

Ex. : *la **vacance** d'un poste / les **vacances** de Noël*

b) Distinction singulier – pluriel

Le nombre singulier est la forme non marquée, par rapport au pluriel.

– Le pluriel est très souvent obtenu par l'adjonction d'un -s à la forme du singulier.

Ex. : *un ami / des **amis***

– Les noms terminés par -s, -x et -z ne changent pas, au pluriel.

Ex. : *une souris / des **souris** – une voix / des **voix** – un nez / des **nez***

– Les noms en -eau, -au et -eu ont un pluriel en -x.

Ex. : *un manteau / des **manteaux** – un tuyau / des **tuyaux** – un cheveu / des **cheveux***

Les noms LANDAU, SARRAU, BLEU, PNEU, ÉMEU et LIEU (le poisson) font exception à cette règle et prennent -s au pluriel.

– Des noms en -ou ont, eux aussi, un pluriel en -x.

C'est le cas de CHOU, BIJOU, JOUJOU, GENOU, HIBOU, POU et CAILLOU.

Les autres noms en -ou ont un pluriel en -s.

– Le pluriel des noms en -al est -aux.

Ex. : *un cheval / des **chevaux***

Les noms BAL, CAL, CARNAVAL, CHACAL, FESTIVAL, RÉCITAL et RÉGAL font exception à cette règle et prennent -s.

– Certains noms en -ail ont, eux aussi, un pluriel en -aux.
C'est le cas de ASPIRAIL, BAIL, CORAIL, ÉMAIL, FERMAIL, GEMMAIL, SOUPIRAIL, TRAVAIL, VANTAIL, VENTAIL et VITRAIL.
Les autres noms en -ail ont un pluriel en -s.

– Le pluriel des noms composés
• Si le nom est composé d'éléments soudés, il suit la règle des noms simples.
Ex. : *un bonjour / des* **bonjours** *; un portemanteau / des* **portemanteaux**
Toutefois, on dira et écrira *des MESSIEURS, des MESDAMES, des MESDEMOISELLES, des BONSHOMMES* et *des GENTILSHOMMES*.
• Si les éléments qui composent le nom ne sont pas soudés, ils ne sont mis au pluriel que s'il s'agit de noms ou d'adjectifs.
Ex. : *un chef-lieu / des* **chefs-lieux** (nom + nom)
Ex. : *un sourd-muet / des* **sourds-muets** (adjectif + adjectif)
mais
Ex. : *un couvre-lit / des* **couvre-lits** (verbe + nom)
• Toutefois, si le second nom est complément du nom, il ne varie pas.
Ex. : *un timbre-poste / des* **timbres-poste**
Ex. : *un arc-en-ciel / des* **arcs-en-ciel**
• L'élément GARDE ne varie que s'il désigne une personne.
Ex. : *un garde-malade / des* **gardes-malades** (personne)
mais
Ex. : *une garde-robe / des* **garde-robes** (objet)

– Le pluriel des noms d'origine étrangère
Ils peuvent garder la marque du pluriel en usage dans la langue d'origine.
La tendance est cependant d'intégrer ces mots dans la langue française en leur donnant le pluriel -s.
Ex. : *un* **scénario** */ des* **scénarii** *ou des* **scénarios**

– Le pluriel des noms propres
Les noms propres ne varient pas en nombre.
Ex. : *les* **Picasso**, *les* **Gandhi**...
Toutefois, ils peuvent varier quand ils désignent des familles illustres, des habitants ou des lieux employés ordinairement au pluriel.
Ex. : *les* **Carolingiens**, *les* **Périgourdins**, *les* **Flandres**...

PRÉPOSITION

1) CARACTÉRISTIQUES ESSENTIELLES

La préposition est un mot invariable.
Elle est un mot outil qui permet de construire un complément, de relier des éléments qui, sans elle, ne pourraient pas l'être.
Elle ne peut pas être supprimée, ce qui la distingue de l'adverbe qui, lui, n'est pas obligatoire dans la phrase.

Ex. : *J'étais assise* **près de** *lui.*
~~*J'étais assise lui*~~.

(Voir Adverbe, p. 12.)
Elle est un mot subordonnant et introduit dans la phrase un élément qui devient dépendant d'un autre élément.
Cet élément subordonné, qu'elle rattache au mot complété, est appelé « régime » de la préposition.

Ex. : *les livres* **de** *mon frère*

Dans cet exemple, MON FRÈRE est le régime de la préposition DE, qui le rattache à LIVRES, le mot complété.
À la différence de la conjonction de subordination, elle ne permet pas de relier deux propositions.

2) FORMATION

– Les prépositions les plus courantes sont issues du latin.
C'est le cas de : À, DANS, DE, EN, ENTRE, PAR, POUR, SANS et SUR.
– D'autres sont issues de mots appartenant à d'autres catégories grammaticales (adverbes, adjectifs ou participes). Ce sont : DEVANT, DERRIÈRE, DEPUIS, PLEIN, SAUF, SUIVANT, MOYENNANT, EXCEPTÉ, HORMIS, PASSÉ, VU...
Remarque : Les adjectifs ou participes employés comme prépositions et antéposés restent invariables.

Ex. : *Tout le monde est venu,* **excepté** *Marie et Ulysse.*

Ex. : *Tout le monde est venu, Marie et Ulysse exceptés.*

– Enfin, certaines prépositions sont formées par composition. C'est le cas de MALGRÉ, PARMI et de toutes les locutions prépositionnelles : À CAUSE DE, À PARTIR DE, DE MANIÈRE À, EN DESSOUS DE, FACE À, GRÂCE À, HORS DE, LOIN DE, PAR RAPPORT À, QUANT À, VIS-À-VIS DE...

3) Valeurs et emplois

a) La préposition peut subordonner son régime à un nom ou un pronom. Elle construit un complément du nom ou un complément du pronom.

(Voir Compléments du nom, p. 89, et du pronom, p. 93.)

Ex. : *Les livres* de *mon frère sont bien rangés. Ceux* de *ma sœur ne le sont pas.*

b) Elle peut aussi subordonner son régime à un adjectif et construire alors un complément de l'adjectif.

(Voir Complément de l'adjectif, p. 83.)

Ex. : *Cet exercice est facile à réaliser.*

c) La préposition peut encore subordonner son régime à un verbe.
Dans ce cas, elle construit un complément d'objet indirect (COI) ou second (COS) ou bien encore un complément circonstanciel essentiel.

Ex. : *Je parle à ma grand-mère.* (COI)

Ex. : *J'offre des fleurs à ma grand-mère.* (COS)

Ex. : *Je vais à Paris.* (complément circonstanciel essentiel)

d) Enfin, la préposition peut subordonner son régime à une phrase (proposition) entière et construire ainsi un complément circonstanciel facultatif.

Elle peut introduire des compléments circonstanciels aux nuances diverses :

– temps

Ex. : *Elle vérifia,* avant de *s'en aller, que tout était en ordre.*

– lieu

Ex. : *Elle posa alors la clef* sous *le paillasson.*

– manière

Ex. : *Elle dévala les escaliers* sans *se retourner.*

– but

Ex. : *Elle courut* pour *ne pas rater le dernier métro.*

– etc.

(Voir Complément circonstanciel, p. 86.)

PRONOM

a) Tous les pronoms varient en genre et en nombre.

Les pronoms personnels et possessifs varient aussi en personne.

Ex. : *je* (1re personne) ; *tu* (2e personne) ; *elle* (3e personne)...

Ex. : *le mien* (1re personne) ; *le tien* (2e personne) ; *le sien* (3e personne)...

Certains – les pronoms personnels, interrogatifs et relatifs – varient aussi d'après la fonction qu'ils assument dans la phrase.

Ex. : *Elle dort.* (sujet) – *Je* ***la*** *regarde.* (COD)

Ex. : ***Qui*** *est là ?* (sujet) – ***Que*** *fais-tu ?* (COD)

Ex. : *Le guide* ***qui*** *nous a accompagnés était très aimable.* (sujet)

Ex. : *Le guide* ***que*** *nous avons vu était très aimable.* (COD)

b) Il existe deux types de pronoms : les pronoms nominaux et les pronoms représentants.

Les pronoms nominaux ne remplacent aucun mot et désignent directement un être ou une chose. Ils n'ont pas d'antécédent.

Ex. : *Je vous dis que je n'ai vu* ***personne****.*

Les pronoms représentants remplacent un mot qui se trouve dans le contexte. Ils ont un antécédent.

– Ils sont dits « anaphoriques » quand ils remplacent un mot déjà évoqué.

Ex. : *Alice dort et je* ***la*** *regarde.*

– Ils sont appelés « cataphoriques » quand ils remplacent un mot qui est évoqué par la suite.

Ex. : *Je te l'ai dit : il est fiévreux.*

– Ils peuvent remplacer :

- un nom propre

  Ex. : *Alice dort et je* ***la*** *regarde.*
- un groupe nominal ou un nom commun (attribut)

  Ex. : *Ma petite sœur dort et je* ***la*** *regarde.*

  Ex. : *Médecin, il* ***l'****était depuis trente ans !*
- un adjectif

  Ex. : *Fâchés, ils* ***l'****étaient !*
- un pronom

  Ex. : *Je les vois,* ***ils*** *sont drôles.*

- un verbe à l'infinitif
  Ex. : *Bien dormir, c'est important pour être en forme.*
- une proposition
  Ex. : *Il ne viendra pas, je te l'ai dit !*

Remarque : Certains pronoms peuvent être nominaux ou représentants, selon le contexte.

Ex. : *Chacun devra emporter son pique-nique.* (nominal)

Ex. : *Chacun d'entre vous devra emporter son pique-nique.* (représentant)

c) On distingue les pronoms :

- démonstratifs
- indéfinis
- interrogatifs
- numéraux
- personnels
- possessifs
- relatifs.

PRONOM DÉMONSTRATIF

1) Caractéristiques essentielles

Le pronom démonstratif, comme tout pronom, varie en genre et en nombre.

Comme le déterminant démonstratif, le pronom démonstratif peut désigner un être ou une chose :

– présents dans la situation d'énonciation (valeur déictique)
  Ex. : *Goûtez* ***ceci****, vous m'en direz des nouvelles...*

(Voir Énonciation, p. 100.)

– présents dans le discours
  Ex. : *Pierre et Paul sont très différents ;* ***celui-ci*** *est bavard tandis que* ***celui-là*** *est très timide.* (valeur anaphorique)
  Ex. : ***Celui-ci*** *est bavard tandis que* ***celui-là*** *est très timide ; Pierre et Paul sont décidément très différents.* (valeur cataphorique)

Il peut donc être nominal ou représentant.

2) Tableau des pronoms démonstratifs

	SINGULIER			PLURIEL	
	masc.	fém.	neutre	masc.	fém.
Formes simples	celui	celle	ce	ceux	celles
Formes renforcées	celui-ci celui-là	celle-ci celle-là	ceci cela, ça	ceux-ci ceux-là	celles-ci celles-là

Remarques :

1) Comme le déterminant démonstratif, le pronom démonstratif présente des formes simples et des formes renforcées. De la même façon, et ce, même si la particule -CI évoque, à l'origine, la proximité et la particule -LÀ l'éloignement, on remarque une préférence pour les formes en -LÀ.

2) À côté des formes du masculin et du féminin, on observe des formes neutres. Ces dernières ne sont utilisées que pour désigner des êtres inanimés, sauf dans le cas où elles sont employées péjorativement.
  Ex. : *Tu m'avais parlé d'un génie et c'est* ***ça*** *que tu me proposes ?!*

3) VALEURS ET EMPLOIS

a) Les formes simples fonctionnent uniquement comme représentants.

CELUI, CELLE, CEUX et CELLES peuvent apparaître devant :

– un nom propre

Ex. : *La chambre de Marie est spacieuse ;* **celle** *de Fatou est lumineuse.*

– un groupe nominal

Ex. : *La chambre de Marie est spacieuse ;* **celle** *de mon frère ne l'est pas.*

– un pronom

Ex. : *Leurs chambres sont spacieuses ;* **celles** *de ceux-ci ne le sont pas.*

– un infinitif

Ex. : *Il n'avait qu'un plaisir ;* **celui** *de manger.*

– un adverbe

Ex. : *Le pain d'aujourd'hui est frais ;* **celui** *d'hier ne l'était pas.*

– une préposition

Ex. : *Les voisins d'en bas sont bruyants ;* **ceux** *d'en face sont discrets.*

Remarque : Tous ces mots sont introduits par une préposition.

– une proposition subordonnée relative

Ex. : *Cette crème est agréable, mais* **celle** *que j'achète est moins chère.*

– un participe épithète (ou un adjectif suivi d'un complément)

Ex. : *Ce point est aussi important que* **celui** *développé dans le chapitre précédent.*

(Voir Complément du pronom, p. 93.)

CE apparaît comme :

– sujet du verbe être :

• dans les présentatifs C'EST / CE SONT

Ex. : **C'est** *ma meilleure amie. –* **Ce sont** *mes romans préférés.*

• dans l'extraction, avec les pronoms relatifs QUI et QUE

Ex. : *C'est son frère* **qui** *l'a averti. – C'est hier* **que** *j'ai vu son frère.*

• dans la locution interrogative EST-CE suivie des pronoms relatifs QUI et QUE

Ex. : **Qui est-ce** *qui l'accompagne ?*

Ex. : **Est-ce que** *tu es volontaire ?*

– antécédent de la proposition subordonnée relative
Ex. : *Ce que vous dites est très drôle !*
– élément d'une locution pronominale (avec QUI ou QUE) introduisant une proposition subordonnée interrogative indirecte
Ex. : *Je me demande* ce qui *lui est arrivé.*

b) Les formes renforcées fonctionnent comme nominaux ou comme représentants.

Comme nominaux, les pronoms démonstratifs renvoient à un élément de la situation d'énonciation (valeur déictique).
Ex. : *Qu'est-ce que c'est que* ça *?!*

En tant que représentants, ils ont une valeur anaphorique ou cataphorique.
Ex. : *Passer Noël à Venise, ça me séduit.* (valeur anaphorique)
Ex. : *Ça m'intéresse beaucoup, votre idée de passer Noël à Venise !* (valeur cataphorique)

PRONOM INDÉFINI

1) Caractéristiques essentielles

Certains pronoms indéfinis expriment une quantité, d'autres une indétermination, d'autres mettent en relation deux éléments (analogie, différence ou alternative).

2) Valeurs et emplois

a) Les pronoms indéfinis qui indiquent une *quantité*.

– Certains d'entre eux expriment une *quantité nulle*. Ce sont :
- AUCUN et PAS UN, qui sont surtout représentants.
  Ex. : *J'ai invité trois voisins.* ***Aucun*** */* ***Pas un*** *n'est venu.*
- NUL et PERSONNE, qui ne renvoient qu'à un animé.
  Ex. : ***Nul*** */* ***Personne*** *ne l'a reconnu.*
- RIEN, qui ne peut désigner qu'un inanimé.
  Ex. : ***Rien*** *n'est prêt.*

Ces trois derniers pronoms sont toujours nominaux.

– D'autres expriment une unicité. Ce sont :
- UN, CHACUN, QUELQU'UN et QUI... QUI : ils ne remplacent qu'un être animé.
  Ex. : ***Chacun*** *doit avoir son matériel.*
  Ex. : ***Quelqu'un*** *a frappé ?*
  Ex. : *Tous étaient déguisés.* ***Qui*** *portait un costume de Zorro,* ***qui*** *un habit d'Indien.*
- QUELQUE CHOSE, qui renvoie à l'inanimé.
  Ex. : *Tu as oublié* ***quelque chose*** *!*

QUI... QUI et QUELQUE CHOSE sont toujours nominaux.

– Des pronoms indiquent la pluralité. Ce sont : PEU, CERTAINS, QUELQUES-UNS, PLUSIEURS, PLUS D'UN, D'AUCUNS, BEAUCOUP, LA PLUPART.
  Ex. : ***Peu*** */* ***Certains*** */* ***Quelques-uns*** */* ***Plusieurs...*** *sont venus.*
  Ex. : ***D'aucuns*** *vous affirmeront qu'ils n'ont rien vu.*

Tous ces pronoms, à l'exception de D'AUCUNS (qui ne réfère qu'à l'animé et n'est que nominal), peuvent renvoyer à l'animé ou à l'inanimé et être nominaux ou représentants.

– TOUT / TOUS exprime la *totalité*.

• TOUT renvoie à l'inanimé et est toujours nominal. Il désigne une totalité prise dans son ensemble.

Ex. : *Tout est prêt.*

• TOUS (TOUTES) désigne l'animé ou l'inanimé et peut être nominal ou représentant. Il désigne une totalité perçue comme un ensemble d'éléments.

Ex. : *Tous étaient là au rendez-vous.*

Remarque : Certains de ces pronoms peuvent avoir d'autres natures. (Voir Déterminant indéfini, 3, p. 27.)

b) Les pronoms indéfinis qui expriment une *indétermination* sont : QUICONQUE, QUI DE DROIT, QUI/QUOI QUE CE SOIT, N'IMPORTE QUI/QUOI/ LEQUEL..., JE NE SAIS QUI/QUOI/LEQUEL..., ON.

– La série intégrant QUI réfère à l'animé, tandis que celle intégrant QUOI désigne l'inanimé. Ces pronoms sont toujours nominaux.

Ex. : *Il sait cela autant que* **quiconque**.

Ex. : *Elle dit souvent* **n'importe quoi**.

– Les pronoms composés de LEQUEL remplacent, quant à eux, aussi bien l'animé que l'inanimé et sont nominaux ou représentants.

Ex. : *Voici des cartes. Choisis n'importe* **laquelle**.

– ON fait référence à un ensemble non identifié.

Ex. : **On** *a frappé à la porte.*

– Remarques :

1) QUICONQUE peut aussi être pronom relatif.
(Voir Pronom relatif, p. 60.)

2) ON peut aussi être pronom personnel.
(Voir Pronom personnel, p. 54.)

c) Les pronoms indéfinis qui mettent en *relation* deux éléments sont :

– LE/LA/LES MÊME(S), qui expriment une *analogie*.

Ils réfèrent à l'animé ou à l'inanimé et sont toujours représentants.

Ex. : *Je me suis acheté une robe. Chloé a choisi* **la même**.

– Les pronoms qui indiquent une *différence* sont :

• AUTRE CHOSE, qui fait toujours référence à l'inanimé et est nominal.

Ex. : *Il n'a pas voulu dire* **autre chose**.

IV. Les natures : pronom indéfini

• AUTRUI, qui désigne toujours un animé et est toujours nominal.
Ex. : *Celui qui veut le bien d'**autrui** est altruiste.*

• L'AUTRE / LES AUTRES, UN(E) AUTRE, qui peuvent remplacer un animé ou un inanimé et être nominaux ou représentants.
Ex. : *Ne choisis pas cette robe-là. Prends plutôt **l'autre**.*

– L'UN... L'AUTRE, LES UNS... LES AUTRES, D'AUTRES indiquent une *alternative* et désignent un animé ou un inanimé. Ils sont nominaux ou représentants.
Ex. : ***Les uns** iront vers l'ouest, **les autres** vers l'est.*

PRONOM INTERROGATIF

1) Caractéristiques essentielles

Les pronoms interrogatifs apparaissent dans des interrogations partielles, directes ou indirectes.

Ex. : *Qui a appelé ?*

Ex. : *Je me demande* **qui** *a appelé.*

Remarque : OÙ, employé dans une phrase interrogative, est rangé parmi les adverbes ; il assume la fonction de complément circonstanciel (comme POURQUOI, QUAND, COMBIEN et COMMENT).
(Voir Adverbe, p. 12.)

Il existe des pronoms interrogatifs de forme simple, qui sont nominaux, et d'autres de forme composée, qui sont représentants.
Les formes composées LEQUEL, LAQUELLE, LESQUELS et LESQUELLES se contractent avec les prépositions À et DE.

2) Tableau des pronoms interrogatifs

Formes simples :	qui / que / quoi quel / quelle / quels / quelles
Formes composées :	lequel / laquelle / lesquels / lesquelles duquel / de laquelle / desquels / desquelles auquel / à laquelle / auxquels / auxquelles

3) Valeurs et emplois

a) Dans une interrogative directe :

– QUI est utilisé pour les animés, qu'il soit sujet, complément d'objet ou attribut.

Ex. : ***Qui*** *est là ?* – ***Qui*** *as-tu appelé ?* – *À* ***qui*** *écris-tu ?* – ***Qui*** *est-elle ?*

– QUE / QUOI font référence à des non-animés et occupent les fonctions de compléments d'objet ou d'attributs.

Ex. : ***Que*** *dites-vous ?* – *À* ***quoi*** *faites-vous allusion ?* – ***Que*** *sont-ils ?*

Remarque : Lorsque la question porte sur un sujet non animé, il faut avoir recours à la forme renforcée QU'EST-CE QUI ?

Ex. : ~~*Que / Quoi te tente ?*~~ / *Qu'est-ce **qui** te tente ?*

– QUEL, QUELLE, QUELS et QUELLES s'emploient comme attributs et font référence à un animé ou à un inanimé.

Ex. : ***Quel** est ton avis ?*

– les formes composées peuvent renvoyer à un animé ou à un non-animé et être sujets, compléments d'objet ou attributs.

Ex. : ***Lesquelles** sont venues ? – **Laquelle** préfères-tu ? – **Lequel** est-ce ?*

b) Dans une interrogative indirecte, les formes restent inchangées, sauf QUE, qui devient CE QUE, et QU'EST-CE QUI, qui devient CE QUI (locutions pronominales).

Ex. : ***Que** veut-il ? / Je lui demande ce **qu'**il veut.*

Ex. : *Qu'est-ce **qui** te tente ? / Je te demande ce **qui** te tente.*

PRONOM NUMÉRAL

Les pronoms numéraux indiquent une quantité précise.

Ils ont la même forme que les déterminants numéraux.
  Ex. : *J'ai acheté quatre livres.* **Trois** *sont des œuvres de Victor Hugo.*

Lorsqu'ils sont accompagnés de l'article défini LES, ils indiquent la totalité des éléments de l'ensemble.
  Ex. : *J'ai acheté quatre livres. Les* **quatre** *sont des œuvres de Victor Hugo.*

Employés seuls, ils renvoient à une partie de l'ensemble.
Ex.. J'ai acheté quatre livres. *Trois sont des œuvres de Victor Hugo.*

Les pronoms numéraux sont accompagnés du pronom personnel EN lorsqu'ils sont compléments d'objet direct du verbe.
  Ex. : *J'ai acheté* **quatre** *livres. J'en ai déjà lu* **trois***.* (COD)

PRONOM PERSONNEL

1) Caractéristiques essentielles

Les pronoms personnels sont, à la fois, les mots supports de la conjugaison et les mots qui désignent les locuteurs, les interlocuteurs et les êtres ou les choses dont on parle.
Ils peuvent varier selon :
- la personne (première, deuxième ou troisième)
- le nombre (singulier ou pluriel)
- le genre (masculin ou féminin, pour les formes non réfléchies de la troisième personne)
- la fonction qu'ils exercent (sujet, complément d'objet, complément circonstanciel...)
- la place qu'ils occupent dans la phrase : liés au verbe (formes conjointes) ou séparés du verbe (formes disjointes)
- que le pronom complément d'objet de la troisième personne renvoie (forme réfléchie) ou non (forme non réfléchie) à la même personne ou à la même chose que le sujet.

Certains pronoms personnels (généralement des première et deuxième personnes) désignent directement un être ; ils sont donc nominaux.
D'autres (de la troisième personne) remplacent un être ou une chose ; ils sont représentants.

2) Tableaux des pronoms personnels

a) Pronoms personnels nominaux

	formes conjointes		formes disjointes	
	sujet	objet (direct/indirect)	sujet	objet (direct/indirect)
1re PS	je	me	moi	
2e PS	tu	te	toi	
3e PS	on	/	/	
	il	/	/	
1re PP	nous	nous	nous	
2e PP	vous	vous	vous	

Remarques :
1) ON ne peut être que sujet. Il peut fonctionner comme pronom indéfini ou comme pronom personnel. Dans ce dernier cas, il fait référence à des êtres identifiables et peut remplacer JE, TU, NOUS ou bien VOUS.

Ex. : *On ira à Provins en mars.*

2) IL, pronom nominal, ne peut fonctionner que comme sujet (« apparent »). Il s'agit alors de la forme impersonnelle.

Ex. : *Il pleut, il neige, il faut s'abriter !*

b) Pronoms personnels représentants

	formes conjointes				formes disjointes					
	sujet		objet (direct)		sujet		objet (direct/indirect)			
	M.	F.	M.	F.	M.	F.	M.	F.	M.	F.
non réfléchies 3e PS	il	elle	le	la	lui		lui	elle	lui	elle
3e PP	ils	elles	les	leur	eux	elles	eux	elles		
	/		en		/		/		/	
	/		y		/		/		/	
réfléchies 3e PS	/		se		/		/		soi	
3e PP	/		se		/		/		soi	

Remarque : EN et Y ne varient ni en genre ni en nombre.
EN pronominalise des groupes prépositionnels introduits par DE.

Ex. : *J'en rêve.* (d'aller à Dubrovnik)

Y remplace des groupes prépositionnels principalement introduits par À.

Ex. : *Je rêve d'y aller.* (à Dubrovnik)

3) Valeurs et emplois

a) Les pronoms nominaux

Les pronoms JE et ME désignent le locuteur, TU et TE l'interlocuteur.
NOUS renvoie à un ensemble de personnes dont le locuteur fait partie.
VOUS désigne l'interlocuteur (par politesse) ou un ensemble de personnes dont l'interlocuteur fait partie.
Les pronoms nominaux ne varient pas en genre.

Ils peuvent assumer les fonctions de sujet, d'objet et plus principalement de complément prépositionnel, pour les formes disjointes.

Ex. : *Je **te** ferai toujours confiance.* (*je* = sujet ; *te* = COI)

Ex. : *Tes parents sont fiers de **toi**.* (*toi* = complément de l'adjectif)

b) Les pronoms représentants

Ils pronominalisent des éléments présents dans le contexte.

– Les pronoms de forme non réfléchie varient le plus souvent en genre. Ils peuvent exercer les fonctions de sujet, de complément d'objet, ou encore de complément circonstanciel de lieu, de compléments de l'adjectif, du nom ou du pronom (EN, Y).

Ex. : ***Ils le leur** ont dit.* (*ils* = sujet ; *le* = COD : *leur* = COS)

Ex. : *Je vais chez **eux**.* (*eux* = complément circonstanciel de lieu)

Ex. : *Ses parents **en** sont fiers.* (*en* = complément de l'adjectif)

– Les pronoms de forme réfléchie, quant à eux, ne varient ni en genre ni en nombre.

Ils peuvent exercer les fonctions de complément d'objet ou de complément prépositionnel. Ils ne sont jamais sujets.

Ex. : *Elle **se** peigne.* (*se* = COD)

Ex. : *Ils **se** sont dit des amabilités.* (*se* = COS)

4) Place des pronoms personnels

Les formes conjointes sujets :

– sont placées immédiatement avant le verbe. Elles peuvent toutefois en être séparées par un autre pronom de forme conjointe ou par l'adverbe de négation NE.

Ex. : *Il vient. / Il ne vient pas.*

– sont postposées :

- dans les phrases interrogatives ou exclamatives

  Ex. : *Vient-il ? – Est-il bête !*
- dans les incises

  Ex. : *« Je ne partirai pas », affirma-t-il.*
- après certains adverbes de discours

  Ex. : *Peut-être suis-je malade.*

Les formes conjointes compléments :

– précèdent immédiatement le verbe, dans les phrases déclaratives, interrogatives, exclamatives ou impératives dont le verbe est à l'impératif négatif.

Ex. : *Je **la** regarde. / **La** regardes-tu ? / Je **la** regarde ! / Ne **la** regarde pas.*

Remarque : Lorsqu'il y a deux pronoms de forme conjointe compléments, le complément d'objet direct précède le complément d'objet indirect ou second.

Ex. : *Je **les lui** offre.* (*les* = COD + *lui* = COI)

Toutefois, le pronom nominal précède le représentant.

Ex. : *Elle **me les** offre.* (*me* = nominal COS + *les* = représentant COD)

– deviennent disjointes et suivent immédiatement le verbe (en respectant toujours l'ordre COD + COI), dans les phrases impératives dont le verbe est à l'impératif positif.

Ex. : *Regarde-**moi**. / Offre-**les-moi**.*

Les formes disjointes sont détachées du verbe ; leur place n'est donc pas contrainte.

Ex. : ***Lui**, on le croira. / On le croira, **lui**.*

PRONOM POSSESSIF

1) Caractéristiques essentielles

Les pronoms possessifs, comme les déterminants possessifs, établissent une relation entre l'être ou l'objet désigné par le nom qu'ils remplacent (ou déterminent) et l'une des personnes grammaticales.

Il peut s'agir d'un rapport de possession, mais aussi de n'importe quel type de rapport.

La forme des pronoms possessifs varie donc en fonction :
– du nom qu'ils remplacent, dont ils prennent le genre et le nombre
– et de la personne mise en relation avec l'être ou l'objet désigné par ce nom.

Les pronoms possessifs de la première personne réfèrent au locuteur ou à un groupe de personnes dont le locuteur fait partie.

Ex. : *Les cheveux de mon frère sont châtains ;* ***les miens / les nôtres*** *sont blonds.*

Les pronoms possessifs de la deuxième personne réfèrent à l'interlocuteur ou à un groupe de personnes dont l'interlocuteur fait partie.

Ex. : *Mes cheveux sont blonds ;* ***les tiens / les vôtres*** *sont châtains.*

Ceux de la troisième personne renvoient à une ou des personnes extérieures à la situation d'énonciation (celles dont on parle).

Ex. : *Mes cheveux sont blonds ;* ***les siens*** *sont roux.*

Les pronoms possessifs sont, le plus souvent, représentants.
Toutefois, dans certaines locutions figées, ils peuvent être nominaux et désigner directement un être ou un objet.

Ex. : *Elle y a mis beaucoup* ***du sien*** *pour faire avancer le projet.*

Ex. : *Ma petite sœur a encore fait* ***des siennes****, hier !*

2) TABLEAU DES PRONOMS POSSESSIFS

	SINGULIER		PLURIEL	
	masc.	fém.	masc.	fém.
1re PS	le mien	la mienne	les miens	les miennes
2e PS	le tien	la tienne	les tiens	les tiennes
3e PS	le sien	la sienne	les siens	les siennes
1re PP	le nôtre	la nôtre	les nôtres	
2e PP	le vôtre	la vôtre	les vôtres	
3e PP	le leur	la leur	les leurs	

Remarque : Les pronoms possessifs sont constitués de la combinaison de l'article défini et de l'adjectif possessif (LE + MIEN ; LA + MIENNE ; LES + MIENS...).
Les articles définis LE et LES pourront donc se contracter avec les prépositions DE ou À.

Ex. : *Le chien de son voisin est féroce ; celui* **du** (de + le) ***mien*** *est paisible.*

Ex. : *J'en ai parlé à ses parents mais je n'ai rien dit* **aux** (à + les) ***vôtres.***

PRONOM RELATIF

1) Caractéristiques essentielles

Les pronoms relatifs servent à enchâsser une proposition appelée « subordonnée relative » dans une proposition principale.
(Voir Proposition subordonnée relative, p. 124.)

À la différence des conjonctions de subordination, les pronoms relatifs sont variables et exercent une fonction dans la proposition subordonnée relative.
Certains pronoms relatifs peuvent être nominaux ou représentants.

Ex. : *Qui a bu boira.* (*qui* = nominal)

Ex. : *Le guide **qui** nous a accompagnés était très cultivé.* (*qui* = représentant)

Les pronoms relatifs représentants prennent le genre et le nombre de leur antécédent.

2) Tableau des pronoms relatifs

Formes simples :	qui / que / quoi / dont / où quel / quelle / quels / quelles
Formes composées :	lequel / laquelle / lesquels / lesquelles auquel / à laquelle / auxquels / auxquelles duquel / de laquelle / desquels / desquelles quiconque

Remarques :

1) QUI, QUE, QUOI peuvent aussi fonctionner comme pronoms interrogatifs. Seul le sens du verbe recteur permet de faire la distinction.

Ex. : *Dis-moi **qui** tu préfères.* (*qui* = pronom interrogatif)

Ex. : *Choisis **qui** tu voudras.* (*qui* = pronom relatif)

2) OÙ peut aussi être utilisé comme adverbe interrogatif.

Ex. : ***Où** vas-tu ? / Je te demande **où** tu vas.* (*où* = adverbe interrogatif)

Ex. : *Le village **où** j'ai passé toute mon enfance m'est cher.* (*où* = pronom relatif)

3) QUICONQUE peut aussi être un pronom indéfini.

Ex. : *Tu sais cela aussi bien que* **quiconque**. (pronom indéfini)

Ex. : **Quiconque** *a dit cela est un menteur.* (pronom relatif)

4) Les formes composées, quant à elles, peuvent aussi être déterminants relatifs (lorsqu'elles accompagnent un nom commun) ou pronoms interrogatifs.

Ex. : *J'ai lu plusieurs revues,* **lesquelles** *revues m'ont paru inintéressantes.* (*lesquelles* = déterminant relatif)

Ex. : *Dis-moi* **lequel** *tu choisis.* (*lequel* = pronom interrogatif)

Ex. : *J'ai lu plusieurs revues,* **lesquelles** *m'ont paru inintéressantes.* (*lesquelles* = pronom relatif)

3) Valeurs et emplois

a) Les pronoms nominaux

Seuls QUI, QUOI, OÙ et QUICONQUE peuvent être employés sans antécédent et être donc nominaux.

– QUI est sujet ou complément, dans la proposition subordonnée relative.

Ex. : **Qui** *m'aime me suive.* (sujet)

Ex. : *Embrassez* **qui** *vous voulez.* (COD)

– QUOI est complément prépositionnel dans la proposition subordonnée relative.

Ex. : *Ils ont de* **quoi** *vivre heureux pendant de longues années.* (COI)

– OÙ est complément circonstanciel de lieu dans la proposition subordonnée relative.

Ex. : **Où** *tu iras, j'irai.*

– QUICONQUE est toujours nominal. Il est sujet de la proposition subordonnée relative.

Ex. : **Quiconque** *a vu cet accident ne pourra l'oublier.*

b) Les pronoms représentants

Tous les pronoms relatifs, à l'exception de QUICONQUE, peuvent être représentants et avoir un antécédent.

– QUI peut exercer la fonction de sujet ou de complément prépositionnel dans la proposition subordonnée relative.

Ex. : *Les cadeaux* **qui** *sont sous le sapin attirent les enfants.* (sujet)

Ex. : *L'amie à* **qui** *j'ai écrit m'a laissée sans nouvelles.* (COI)

IV. Les natures : pronom relatif

– QUE peut assumer les fonctions de « sujet », de complément d'objet direct ou d'attribut dans la proposition subordonnée relative.

Ex. : *Les oiseaux* **que** *j'entends chanter sont cachés dans les arbres.* (« sujet » de l'infinitif)

Ex. : *Les oiseaux* **que** *j'observe sont cachés dans les arbres.* (COD)

Ex. : *Bienheureux* **qu'***ils sont !* (attribut)

– QUOI est complément prépositionnel dans la proposition subordonnée relative. Il a pour antécédent un pronom neutre (CE, RIEN).

Ex. : *Il n'est pas venu, ce à* **quoi** *je m'attendais.* (COI)

– DONT est toujours représentant. Il exerce la fonction de complément prépositionnel dans la proposition subordonnée relative.

Ex. : *Le roman* **dont** *je parle est magnifique.* (COI)

Ex. : *Le fils* **dont** *ils étaient si fiers les a quittés.* (complément de l'adjectif)

– OÙ assume la fonction de complément circonstanciel de lieu ou de temps dans la proposition subordonnée relative. Il a pour antécédent un inanimé.

Ex. : *Le village* **où** *je suis née m'est cher.* (complément circonstanciel de lieu)

Ex. : *C'était au temps* **où** *Bruxelles chantait !* (complément circonstanciel de temps)

– Les formes composées s'emploient toujours comme représentants. Elles exercent les fonctions de sujet et de complément prépositionnel.

Ex. : *J'ai lu plusieurs revues,* **lesquelles** *m'ont paru inintéressantes.* (sujet)

Ex. : *Le chapitre* **auquel** *je fais allusion est à réviser.* (COI)

VERBE

1) Généralités

Le verbe est l'une des catégories grammaticales les plus importantes. Il apporte une information sur le thème et sert alors de prédicat dans la phrase.

Ex. : *Les hirondelles **chantent**.* (*les hirondelles* = thème ; *chantent* = prédicat)

Le verbe a un rôle central dans la proposition. Le sujet, le complément d'objet, le complément circonstanciel intégré, le complément d'agent et les attributs s'organisent autour de lui.

En outre, sous ses différentes formes, le verbe peut assumer les fonctions du nom, de l'adjectif, ou du complément circonstanciel.
(Voir 2.b, infinitif, p. 69, participe et gérondif, p. 70.)

Il varie en mode, en temps / aspects, en voix, en personne, en nombre et, parfois, en genre. L'ensemble de ces formes est appelé « conjugaison ».

Certains verbes présentent des constructions particulières.

2) Variations morphologiques du verbe

On rappellera ici, de façon succincte, les variations essentielles du verbe. (Pour une étude détaillée, voir *Conjugaison*, Librio n° 470.)

a) Les *modes* renseignent sur les diverses manières dont le locuteur présente l'action.

On distingue six modes, dont trois sont personnels et trois sont impersonnels.

Les modes personnels sont :
– l'indicatif, qui présente une action vraie, réelle (phrase déclarative) ou en cours de vérification (phrase interrogative), et qui la situe dans le temps.

Ex. : *Paul **travaille** consciencieusement.*

Remarque : Le conditionnel est aujourd'hui rattaché au mode indicatif.

– l'impératif, qui exprime un ordre, une défense, un conseil ou une prière, en direction de l'interlocuteur.

Ex. : *Paul, **travaille** consciencieusement !*

– le subjonctif, qui présente une action possible, envisagée.

Ex. : *Je ne suis pas sûr que Paul **travaille** consciencieusement.*

Les modes impersonnels sont :

– l'infinitif, qui ne porte ni l'indication de nombre ni celle de personne. L'infinitif peut parfois exercer les fonctions du nom.

Ex. : ***Travailler**, toujours **travailler**...*

– le participe :

• présent, invariable, qui exprime une action qui dure.

Ex. : ***Travaillant** sans relâche, il finit par atteindre son but.*

• passé, variable, qui est employé seul ou avec un auxiliaire.

Ex. : *Il a **travaillé** sans relâche et a **atteint** son but.*

– le gérondif : invariable, qui précise les circonstances dans lesquelles l'action principale a lieu.

Ex. : ***En travaillant** sans relâche, il a atteint son but.*

b) Les *temps* et les *aspects*

La forme verbale permet de dater l'action (antériorité, simultanéité ou postériorité) soit par rapport au moment de l'énonciation, soit par rapport à un autre repère, donné dans le contexte.

Ex. : *Hier, j'ai **rendu** visite à ma grand-mère.* (antériorité par rapport au moment de l'énonciation)

Ex. : *Alors que je me **préparais** à la quitter, le téléphone sonna.* (simultanéité par rapport à l'action du verbe principal)

La forme verbale précise aussi si l'action est en cours de déroulement, ou si le terme de l'action est atteint.

Dans le premier cas, l'aspect est dit « non accompli ». Tous les temps simples présentent une action non accomplie.

Dans le second cas, l'aspect est dit « accompli ». Tous les temps composés présentent une action achevée.

Ex. : ***J'aime** lire avant de m'endormir.* (c'est encore vrai)

Ex. : ***J'ai aimé** lire avant de m'endormir.* (ce n'est plus vrai)

Ex. : *Le vent qui **s'était déchaîné se calmait** enfin.*

Ainsi, dans l'exemple ci-dessus, l'on observe que le plus-que-parfait :
– présente une action antérieure à celle relatée à l'imparfait (temps)
– et souligne l'aspect accompli de l'action, par opposition à l'imparfait, qui laisse voir l'action dans son déroulement (aspect non accompli).

LES VALEURS DES TEMPS / ASPECTS VERBAUX

* L'indicatif

– **présent** exprime une action qui a lieu au moment où l'on parle (valeur de base), qui est toujours vraie, qui vient de se passer ou qui va se produire dans un futur très proche. Il peut aussi évoquer une action habituelle ou concurrencer l'impératif présent. Enfin, il peut apparaître dans le récit, coupé alors du moment de l'énonciation, ou bien dans une proposition subordonnée introduite par SI.

Ex. : *Je* ***regarde*** *tomber la neige.* (valeur de base)
Ex. : *Qui* ***va*** *à la chasse perd sa place.* (action toujours vraie)
Ex. : *Je* ***rentre*** *à l'instant de Belgique.* (passé très proche)
Ex. : *J'y* ***retourne*** *dans deux jours.* (futur très proche)
Ex. : *Ma sœur* ***prend*** *le métro tous les jours.* (action habituelle)
Ex. : *Tu* ***cesses*** *de pleurer immédiatement.* (ordre)
Ex. : *Et les braves soldats* ***reprennent*** *courage et* ***se lancent*** *dans la bataille.* (récit)
Ex. : *S'il ne* ***fait*** *pas froid, je sortirai.* (hypothétique)

– **passé composé** présente un fait passé par rapport au moment où l'on parle et considéré comme accompli, achevé (valeur de base). Lié au présent, il peut, comme ce temps, évoquer une action toujours vraie ou qui appartient à un futur très proche. Il indique aussi une antériorité par rapport à une action relatée au présent.

Ex. : *Je* ***suis allée*** *au cinéma.* (valeur de base)
Ex. : *L'homme* ***a*** *toujours* ***voulu*** *posséder.* (action toujours vraie)
Ex. : *J'arrive ; j'****ai fini*** *dans cinq minutes !* (futur très proche)
Ex. : *Il* ***a neigé*** *la nuit dernière ; aujourd'hui, c'est le dégel.* (antériorité)

– **imparfait** exprime une action en cours dans le passé (valeur de base). Il présente le décor (sur lequel vont apparaître les événements essentiels, relatés au passé simple). L'imparfait permet aussi d'exprimer une action répétée ou habituelle. En outre, ce temps est utilisé dans le discours indirect, pour reprendre des propos énoncés une première fois. Enfin, il peut être utilisé dans une proposition subordonnée introduite par SI.

Ex. : *En ce temps-là, Bruxelles* ***chantait*** *!* (valeur de base)

Ex. : *Les éclairs* ***striaient*** *le ciel. Tout à coup, un choc ébranla le navire.* (circonstances, décor)

Ex. : *Pendant les vacances, elle* ***se levait*** *à dix heures, puis* ***faisait*** *sa toilette et* ***prenait*** *son petit déjeuner.* (action habituelle)

Ex. : *Sa mère lui annonça qu'il* ***devait*** *prendre le train de onze heures. (discours indirect)*

Ex. : *S'il ne* ***faisait*** *pas froid, je sortirais.* (hypothétique)

– **plus-que-parfait** exprime une action achevée dans le passé (valeur de base). Lié à l'imparfait, le plus-que-parfait peut aussi évoquer une action habituelle ou bien être utilisé dans le discours indirect ou dans le système hypothétique (après SI). Enfin, ce temps exprime une antériorité par rapport à une action relatée à un temps du passé (imparfait, passé simple ou passé composé).

Ex. : *Jamais ils n'****avaient eu*** *si peur !* (valeur de base)

Ex. : *Quand il* ***avait fini*** *sa journée, il aimait prendre une douche.* (action habituelle)

Ex. : *Il affirmait que ce jour* ***avait été*** *le plus beau de sa vie.* (discours indirect)

Ex. : *Si j'****avais su,*** *je ne serais pas venu.* (hypothétique)

Ex. : *Le vent qui* ***s'était déchaîné*** *se calmait enfin.* (antériorité)

– **passé simple** relate des faits passés, sans lien avec le présent de l'énonciation (valeur de base). Il présente les événements principaux qui se détachent sur une toile de fond évoquée à l'imparfait. Il s'agit d'un temps du récit, qui n'apparaît que dans la langue écrite.

Ex. : *La grand-voile* ***éclata*** *et le navire* ***se mit*** *à tanguer.* (valeur de base)

Ex. : *Les éclairs striaient le ciel. Tout à coup, un choc* ***ébranla*** *le navire.* (faits essentiels dans le récit)

– **passé antérieur** exprime une action accomplie dans le passé (valeur de base). Il présente une action immédiatement antérieure à une autre action, relatée au passé simple. Le passé antérieur est, aussi, un temps du récit, utilisé exclusivement à l'écrit.

Ex. : *Et il* ***eut terminé*** *ses devoirs en trois minutes...* (valeur de base)

Ex. : *Lorsqu'il* ***eut prononcé*** *ces mots affreux, il s'en alla.* (antériorité)

– **futur simple** exprime une action à venir, d'une manière certaine (valeur de base). Lié au présent, il est aussi apte à évoquer une action toujours vraie ou répétée et peut concurrencer l'impératif présent. Il est parfois utilisé dans le récit. Enfin, il peut apparaître dans le système hypothétique, après SI et le présent.

Ex. : *Je **prendrai** le train de midi.* (valeur de base)
Ex. : *Les hommes **voudront** toujours posséder.* (action toujours vraie)
Ex. : *Je **viendrai** vous voir deux fois par jour.* (action répétée)
Ex. : *Tu n'**oublieras** pas d'acheter du pain.* (ordre, prière)
Ex. : *Jamais Marie ne **pourra** y repenser sans amertume.* (récit)
Ex. : *S'il ne fait pas froid, je **sortirai**.* (hypothétique)

– **futur antérieur** présente une action comme accomplie de manière certaine dans l'avenir (valeur de base). Il peut évoquer un fait hypothétique, qui ne pourra être vérifié que dans l'avenir. Enfin, ce temps présente une action antérieure à une autre relatée au futur simple.

Ex. : *À cette heure-là, j'**aurai fini** de travailler.* (valeur de base)
Ex. : *Il est en retard ; il **se sera** encore **perdu** !* (fait hypothétique)
Ex. : *Lorsque j'**aurai déjeuné**, je ferai une sieste.* (antériorité)

– **conditionnel présent** exprime une action future par rapport à un moment passé (valeur de base). On le trouve surtout dans le discours indirect et dans le système hypothétique (après SI et l'imparfait). Il peut aussi présenter un fait incertain ou imaginaire. Ce temps est enfin utilisé par politesse, pour marquer une atténuation.

Ex. : *Je savais qu'il ne **viendrait** pas.* (valeur de base)
Ex. : *Sa mère lui annonça qu'il **devrait** prendre le train le lendemain.* (discours indirect)
Ex. : *S'il ne faisait pas si froid, je **sortirais**.* (hypothétique)
Ex. : *Selon la radio, il n'y **aurait** pas de blessés.* (fait incertain)
Ex. : *Tout **serait** si doux, là-bas !* (fait imaginaire)
Ex. : ***Pourriez**-vous m'indiquer la rue de Rivoli ?* (atténuation)

– **conditionnel passé** exprime une action future et accomplie, vue du passé (valeur de base). Comme le temps simple correspondant, on le trouve dans le discours indirect, dans le système hypothétique (après SI et le plus-que-parfait), pour évoquer une action incertaine, imaginaire ou une atténuation. Enfin, le conditionnel passé présente une action antérieure à une autre évoquée au conditionnel présent.

Ex. : *J'étais sûr qu'il **aurait assisté** à la réunion. (valeur de base)*

Ex. : *Sa mère lui annonça qu'il* ***aurait dû*** *prendre le train la veille.* (discours indirect)

Ex. : *Si j'avais su, je ne* ***serais*** *pas* ***venu.*** (hypothétique)

Ex. : *Selon la radio, il n'y* ***aurait*** *pas* ***eu*** *de victimes.* (fait incertain)

Ex. : *Nous* ***aurions pu*** *être si heureux !* (fait imaginaire)

Ex. : *J'****aurais aimé*** *avoir un renseignement...* (atténuation)

Ex. : *Pierre m'a affirmé qu'il me rejoindrait dès qu'il* ***aurait bouclé*** *cette affaire.* (antériorité)

*** L'impératif**

– **présent** exprime qu'une action devra avoir lieu dans un futur plus ou moins immédiat.

Ex. : ***Apprends*** *ta leçon.*

– **passé** indique qu'une action devra avoir eu lieu dans le futur. Ce temps évoque donc très souvent une antériorité par rapport à une action relatée au futur simple.

Ex. : ***Aie appris*** *ta leçon quand je reviendrai !*

*** Le subjonctif**

– **présent** évoque un fait envisagé, non accompli et simultané ou postérieur, par rapport au moment de l'énonciation ou à une autre action.

Ex. : *Que cette personne* ***quitte*** *la salle !* (simultanéité par rapport au moment de l'énonciation)

Ex. : *Il veut / Il voulait que cette personne* ***quitte*** *la salle !* (simultanéité par rapport à une action principale)

– **passé** évoque un fait envisagé, accompli et antérieur au moment de l'énonciation ou à une autre action.

Ex. : *Que cette personne* ***ait quitté*** *la salle !* (antériorité par rapport au moment de l'énonciation)

Ex. : *Il veut / Il voulait que cette personne* ***ait quitté*** *la salle avant son arrivée !* (antériorité par rapport à l'action principale)

– **imparfait** a les mêmes valeurs que le subjonctif présent, mais n'est utilisé que dans la langue soutenue.

– **plus-que-parfait** a les mêmes valeurs que le subjonctif passé, mais n'est utilisé que dans la langue soutenue.
La règle classique exige, en effet, l'utilisation des subjonctifs imparfait et

plus-que-parfait après une proposition principale dont le verbe est conjugué à un temps du passé ou au conditionnel.

Ex. : *Je voulais que cette personne* ***quittât*** *la salle !*

Ex. : *Je voulais que cette personne* ***eût quitté*** *la salle !*

*** L'infinitif**

– **présent** évoque une action non accomplie, simultanée ou postérieure, par rapport au moment de l'énonciation ou à une autre action.

Ex. : *Il faut* ***réviser*** *cette leçon.*

– **passé** présente une action accomplie, antérieure au moment de l'énonciation ou à une action relatée à un temps simple.

Ex. : *Il faut* ***avoir révisé*** *cette leçon.*

Remarque : L'infinitif a, à la fois, des emplois verbaux et nominaux.

• Il peut apparaître dans des phrases déclaratives, interrogatives, impératives ou exclamatives.

Ex. : *Et tout le monde d'****éternuer****...*

Ex. : *Que* ***dire*** *?*

Ex. : *Ne pas* ***se pencher****.*

Ex. : *Lui,* ***pardonner*** *!*

• L'infinitif peut aussi être le noyau d'une proposition subordonnée interrogative indirecte, relative ou infinitive.

Ex. : *Elle ne savait que* ***répondre****.*

Ex. : *Je cherche un endroit où* ***dormir****.*

Ex. : *Je regarde le soleil* ***se coucher****.*

(Voir Proposition subordonnée interrogative indirecte, p. 121, infinitive, p. 119, et relative, p. 124.)

• Dans ses emplois nominaux, l'infinitif peut exercer les fonctions de sujet, d'attribut, de complément d'objet, de complément circonstanciel, de complément du nom, du pronom, de l'adjectif ou d'apposition.

Ex. : ***Fumer*** *est dangereux pour la santé.* (sujet)

Ex. : *Partir, c'est* ***mourir*** *un peu.* (attribut du sujet)

Ex. : *J'adore* ***nager****.* (COD)

Ex. : *Ne dîne pas avant de* ***venir****.* (complément circonstanciel)

Ex. : *Le besoin de* ***manger*** *l'animait tout entier.* (complément du nom)

Ex. : *L'ogre n'a qu'un besoin, celui de* ***manger****.* (complément du pronom)

Ex. : *Ce chapitre est facile à* ***comprendre****.* (complément de l'adjectif)

Ex. : *L'ogre n'a qu'un besoin,* ***manger****.* (apposition)

* Le participe

– **présent** exprime une action non accomplie et simultanée par rapport à une autre.

Ex. : *Prononçant ces mots affreux, il s'en alla.*

Le participe présent peut être le noyau d'une proposition subordonnée participiale. Il y assure le rôle de prédicat d'un thème qui n'a pas d'autre fonction dans la phrase.

Ex. : *Les grilles **s'ouvrant**, tous les clients se ruèrent dans le magasin.*

(Voir Proposition subordonnée participiale, p. 123.)

Il peut aussi parfois exercer les fonctions de l'adjectif.

(Voir Adjectif, p. 10.)

– **passé** présente une action accomplie et donc antérieure à une autre.

Ex. : ***Ayant prononcé** ces mots affreux, il s'en alla.*

Le participe passé employé seul apporte une information identique à celle d'un adjectif, dont il exerce les fonctions (épithète, épithète détachée ou attribut). (Voir Adjectif, p. 8.)

Ex. : *La candidate, **énervée**, perdit son sang-froid.*

* Le gérondif

Il présente une action dans son déroulement, simultanée par rapport à l'action principale. Il est toujours accompagné de EN.

Remarque : Il assume la fonction de complément circonstanciel facultatif.

Ex. : ***En travaillant** sans relâche, il a atteint son but.*

c) Les *voix*

Il existe deux voix :

– La **voix active**, non marquée, dans laquelle le sujet fait l'action exprimée par le verbe.

Cette voix concerne les verbes transitifs, intransitifs, pronominaux et impersonnels.

Ex. : *Maurice **adore** les cerises.*

Ex. : *Maurice **dort**.*

Ex. : *Maurice **se parfume**.*

Ex. : *Il **pleut**.*

– La **voix passive**, marquée, dans laquelle le sujet subit l'action exercée par le complément d'agent. Cette structure nécessite la présence d'un verbe transitif direct. (Voir Complément d'agent, p. 85.)

Trois opérations sont nécessaires, pour passer de la voix active à la voix passive :
• le complément d'objet direct devient le sujet
• le sujet devient le complément d'agent
• le verbe est mis à la voix passive : l'auxiliaire « être », conjugué au mode et au temps du verbe de la phrase active, est suivi du participe passé du verbe.

Ex. : *Des boules multicolores* **décorent** *le sapin.* (voix active)
Le sapin **est décoré** *de boules multicolores.* (voix passive)

Ex. : *Des boules multicolores* **décoraient** *le sapin.* (voix active)
Le sapin **était décoré** *de boules multicolores.* (voix passive)

d) Les *personnes* et les *nombres*

On distingue trois personnes (la première, la deuxième et la troisième), qui peuvent varier en nombre (singulier et pluriel).
Les première et deuxième personnes renvoient à la situation d'énonciation ; la première réfère au locuteur (JE) ou à un groupe de personnes dont le locuteur fait partie (NOUS), tandis que la deuxième désigne l'interlocuteur (TU / VOUS) ou un groupe de personnes dont l'interlocuteur fait partie (VOUS).
La troisième personne (IL, ELLE, ILS, ELLES, ON, groupe nominal, nom propre, verbe à l'infinitif...) renvoient à un être ou une chose absents de la situation d'énonciation.

e) Les *genres*

Le verbe, au participe passé, peut varier en genre.

Ex. : **Effrayée**, *la jument partit au galop.*

Ex. : *La jument que vous avez* **effrayée** *est partie au galop.*

(Pour l'accord du participe passé, se référer à *Conjugaison*, Librio n° 470.)

3) Constructions particulières de certains verbes

a) Les verbes auxiliaires

Perdant leur sens propre, les verbes ÊTRE et AVOIR peuvent servir d'auxiliaires.
– AVOIR entre dans la formation de la plupart des verbes aux temps composés de la voix active.

Ex. : *J'ai chanté.*

– ÊTRE, quant à lui, s'emploie pour conjuguer certains verbes d'état et de positionnement ainsi que tous les verbes pronominaux aux temps composés et tous les verbes à la voix passive.

Ex. : *Elle* **est** *devenue aimable.*

Ex. : *Elle s'***est** *peignée.*

Ex. : *Le sapin* **est** *décoré de boules multicolores.*

b) Les verbes pronominaux sont précédés d'un pronom personnel réfléchi, de la même personne que le sujet.

Ex. : *Je* **me peigne** *; tu* **te laves** *; elle* **s'ennuie** *; nous* **nous enfuyons***...*

c) Les verbes impersonnels dont le seul sujet IL ne remplace ni un être, ni une chose. Ces verbes ne se conjuguent qu'à la 3e PS.

Ex. : *Il* **pleut**, *il* **neige**, *il* **faut** *s'abriter !*

d) Les verbes transitifs et intransitifs

Les verbes transitifs directs se construisent avec un complément d'objet direct (COD).

Ex. : *Des boules multicolores* **décorent** *le sapin.*

Les verbes transitifs indirects se construisent avec un complément d'objet indirect (COI).

Ex. : *Elle* **se réfère** *au livre.*

Les verbes intransitifs n'admettent aucun complément d'objet.

Ex. : *Il* **louche**.

4) ACCORD DU VERBE

a) Règle générale

Le verbe s'accorde en nombre et en personne avec son sujet.

Lorsque ce sujet n'est pas exprimé – à l'impératif –, l'accord se fait en fonction de l'interlocuteur qui est concerné.

b) Le verbe a un sujet dont le nombre est indéfini

– Lorsque le verbe a pour sujet un nom collectif suivi de son complément, le verbe peut se mettre au singulier ou au pluriel, selon le sens.

Ex. : *Une nuée d'oiseaux* **s'abattit** / **s'abattirent** *sur les arbres.* (accord avec *nuée* ou avec *oiseaux*)

– Quand le verbe a pour sujet un nom précédé d'un déterminant indéfini occasionnel, il s'accorde avec le nom.

Ex. : *Beaucoup de gens* **diront** *n'avoir rien vu !* (accord avec *gens*)

– Quand le verbe a pour sujet un pronom indéfini occasionnel, il se met au pluriel.

Ex. : *Beaucoup* **diront** *n'avoir rien vu.*

c) Le verbe a pour sujet le pronom relatif QUI

Il s'accorde dans ce cas en personne et en nombre avec l'antécédent de ce pronom.

Ex. : *Vous qui* **pleurez** *sans savoir pourquoi, cessez.* (accord avec *vous*)

Toutefois, quand cet antécédent est attribut du pronom personnel, c'est lui qui règle l'accord.

Ex. : *Tu es la seule personne qui m'***aime** *vraiment.* (accord avec *la seule personne*)

d) Le verbe a pour sujet le pronom démonstratif neutre CE (C')

Il se met au pluriel, lorsque l'attribut est pluriel.

Ex. : *Ce* **sont** *mes meilleurs amis.*

e) Le verbe a plusieurs sujets

– juxtaposés

• Lorsque les sujets sont juxtaposés dans une gradation, l'accord se fait avec le sujet le plus proche.

Ex. : *Un regard, un sourire, un geste* **faisait** *plaisir à ce malheureux.*

• Quand ces sujets juxtaposés sont repris par un pronom, le verbe s'accorde avec ce pronom.

Ex. : *Hommes, femmes, enfants, chacun* **avait fait** *ses bagages.*

– coordonnés

• Un verbe qui a plusieurs sujets coordonnés par ET, se met au pluriel.

Ex. : *Pierre et Lucile* **iront** *au cinéma.* (3e PS +3e PS = 3e PP)

Si ces sujets sont de personnes différentes, le verbe s'accorde en priorité avec le sujet de la première, puis de la deuxième personne.

Ex. : *Toi et moi* **irons** *au cinéma.* (2e PS +1re PS = 1re PP)

Ex. : *Lucile et toi* **irez** *au cinéma.* (3e PS +2e PS = 2e PP)

Remarque : Si le verbe a pour sujet la locution pronominale L'UN(E) ET L'AUTRE, il se met très généralement au pluriel.

Ex. : *J'avais invité Marie et Amélie ; l'une et l'autre* **sont venues**.

IV. Les natures : verbe

• Un verbe qui a plusieurs sujets coordonnés par OU ou NI peut se mettre au singulier ou au pluriel.
* Si l'action peut être exercée simultanément par les deux sujets, le verbe se met au pluriel.

Ex. : *Papa ou toi* **irez** *au marché.* (*ou* = inclusif)

Ex. : *Ni Papa ni toi n'***irez** *au marché.* (*ni* = inclusif)

Remarque : Si les sujets ne sont pas de la même personne, le verbe se met à la personne prioritaire.
* Si l'action ne peut être exercée par les deux sujets en même temps, le verbe s'accorde avec le dernier sujet.

Ex. : *Papa ou Michel* **prendra** *le volant.* (*ou* = exclusif)

Ex. : *Ni Papa ni Michel ne* **prendra** *le volant.* (*ni* = exclusif)

– subordonnés

• Le verbe ayant des sujets reliés par une locution conjonctive de comparaison telle que COMME, AINSI QUE, DE MÊME QUE... se met dans certains cas au singulier et dans d'autres au pluriel.

• Le verbe se met au pluriel lorsque la locution correspond à ET.

Ex. : *Le néerlandais comme l'allemand* **sont** *des langues germaniques.*

• Il se met au singulier quand cette locution garde pleinement sa valeur de comparaison.

Ex. : *Ton teint, ainsi que le mien,* **est** *d'une pâleur extrême.*

- II -
Les fonctions

APPOSITION

1) Caractéristiques essentielles

La fonction apposition est une expansion du nom (commun ou propre), du pronom et plus rarement de l'infinitif.
L'apposition appartient au groupe nominal.
Elle apporte une précision sur le nom (ou le pronom ou l'infinitif) ; il s'agit donc d'une fonction facultative.

Cette fonction :
- est assumée par un élément nominal
- établit une identité entre le nom noyau et le terme apposé.

Ex. : *Bruxelles,* **capitale de la Belgique,** *est une ville superbe.*

Dans cet exemple, *Bruxelles* est *la capitale de la Belgique* et *la capitale de la Belgique* est *Bruxelles* ; il y a donc bien identité entre le nom support et l'apposition.
Ainsi, à la différence des épithètes et du complément du nom, l'apposition n'évoque pas une propriété passagère du nom noyau.

2) Natures de l'apposition

La fonction apposition peut être exercée par :
- un nom propre
  Ex. : *L'avocat,* **Champion,** *défendit courageusement son client.*
- un nom commun
  Ex. : *Mon père,* **médecin,** *est réticent à prescrire ce médicament.*
- un groupe nominal
  Ex. : *Bruxelles,* **la capitale de la Belgique,** *a un charme particulier.*
- un pronom
  Ex. : *Marie,* **elle,** *n'a parlé de cela à personne.*
- un infinitif
  Ex. : *J'ai une passion :* **voyager.**
- une proposition subordonnée conjonctive
  Ex. : *Je n'ai qu'un souhait,* **que cette année soit bonne.**

3) Constructions de l'apposition

a) Sans pause et sans préposition

Dans ce cas, l'apposition peut :

– précéder le nom noyau

Ex. : ***Le professeur*** *Tournesol est un personnage attachant.*

– ou suivre le nom noyau

Ex. : *Coralie a toujours été une enfant* ***modèle.***

Remarque : Dans ces constructions juxtaposées, il ne faut pas confondre l'apposition et le complément du nom.

Ex. : *J'ai acheté un stylo bille.* (*bille* est complément du nom)

Dans cet exemple, il n'y a pas identité entre les deux termes (un *stylo* n'est pas une *bille* et inversement) et *bille* est une propriété du nom *stylo* ; ici, il faut sous-entendre la préposition À.

(Voir Complément du nom, p. 89.)

b) Sans pause, avec la préposition DE

Dans ce cas, l'apposition suit toujours le nom noyau.

Ex. : *J'adore le mois* ***de décembre.***

Dans cet exemple, il y a bien identité entre *mois* et *décembre*.

Remarques :

* Ici encore, il ne faut pas confondre l'apposition et le complément du nom.

Ex. : *Le fils de ma sœur est mon neveu.* (complément du nom)

Ma sœur est, ici, complément du nom. En effet, *le fils* et *ma sœur* ne renvoient pas à la même personne.

* Il faut distinguer l'apposition et le déterminant indéfini suivi du nom.

Ex. : *Une foule de gens ont fait irruption dans le magasin.* (déterminant indéfini)

Dans ce cas encore, il n'y a pas identité entre *foule* et *gens*. *Une foule de* est le déterminant indéfini qui accompagne le nom commun *gens*.

(Voir Déterminant indéfini, p. 25.)

c) Avec pause, marquée à l'écrit par une virgule ou deux points.

Dans ce cas, l'apposition est mobile dans la phrase.

Ex. : *Marie,* ***ma sœur aînée,*** *ne pourra pas passer les fêtes avec nous.*

Ex. : ***Ma sœur aînée,*** *Marie, ne pourra pas passer les fêtes avec nous.*

V. Les fonctions : apposition

Remarque : Il faut bien différencier apposition et épithète détachée.

Ex. : *Marie, malade, ne pourra pas passer les fêtes avec nous.*

Dans l'exemple ci-dessus, *malade* est épithète détachée de *Marie*. Il n'y a pas identité entre les deux mots.

(Voir Épithète et épithète détachée, p. 95.)

ATTRIBUT du COMPLÉMENT D'OBJET

1) CARACTÉRISTIQUES ESSENTIELLES

L'attribut apporte une précision (qualité, propriété) sur le complément d'objet, par l'intermédiaire d'un verbe transitif particulier appelé « verbe attributif ».

Ex. : *Je trouve cette rose* **superbe**.

Dans cet exemple, *superbe* apporte une précision sur le complément d'objet *cette rose*, par l'intermédiaire du verbe attributif *trouve*.
La phrase attributive met donc en relation trois éléments : un complément d'objet, un verbe attributif et un attribut du complément d'objet.

Les verbes attributifs qui introduisent un attribut du complément d'objet sont :
– des verbes indiquant un changement d'état : FAIRE, METTRE, RENDRE...
– des verbes de jugement : TROUVER, ESTIMER, JUGER, CONSIDÉRER COMME...
– des verbes donnant un titre : APPELER, NOMMER, SURNOMMER, DÉSIGNER, PROCLAMER, ÉLIRE...
L'attribut du complément d'objet est une fonction essentielle.

2) NATURES DE L'ATTRIBUT DU COMPLÉMENT D'OBJET

Cette fonction peut être exercée par :
– un nom propre
Ex. : *Ses amis l'ont surnommé* **Johnny**.
– un nom commun
Ex. : *Le village a élu Maurice* **maire**.
– un groupe nominal
Ex. : *Les employés l'ont considéré comme* **le digne successeur de son père**.
– un pronom
Ex. : *Les footballeurs ont considéré Émile comme* **celui** *dont ils avaient besoin*.
– un adjectif
Ex. : *Je trouve cette ville* **magnifique**.

– un participe passé ou présent
  Ex. : *Ils trouvent cette attitude* **déplacée.**
– un groupe prépositionnel
  Ex. : *Les anciens ont mis les nouveaux venus* **à l'aise.**
– une proposition subordonnée relative
  Ex. : *Il a les cheveux* **qui poussent vite.**

3) Accord de l'attribut du complément d'objet

Lorsqu'il est adjectif ou participe, l'attribut du complément d'objet s'accorde en genre et en nombre avec le complément d'objet du verbe.
  Ex. : *Je trouve ces villes italiennes* **charmantes.** (*villes* = Fém. Plur.)
(Pour des précisions sur les accords, voir Adjectif, 2, p. 8.)

4) Attribut du complément d'objet et phrase passive

Lorsque l'on met à la voix passive une phrase active qui contient un attribut du complément d'objet, ce dernier devient attribut du sujet.
  Ex. : *Le village a élu Maurice* **maire.**
Dans cette phrase à la voix active, *maire* est attribut du complément d'objet *Maurice*.
  Ex. : *Maurice a été élu maire par le village.*
Dans la phrase à la voix passive, *maire* est attribut du sujet *Maurice*.
(Voir Attribut du sujet, p. 81.)

5. Remarque

Pour l'adjectif, il faut bien distinguer sa fonction d'attribut du complément d'objet et sa fonction d'épithète.
  Ex. : *Ils trouvent cette attitude* **incorrecte.**
Dans cet exemple, *incorrecte* est attribut du complément d'objet *attitude*.
  Ex. : *Ils critiquent cette attitude incorrecte.*
Ici, *incorrecte* est épithète du nom *attitude*.
L'on observe que l'adjectif épithète peut être supprimé, tandis que l'adjectif attribut du complément d'objet ne le peut pas.
(Voir Épithète et épithète détachée, p. 95.)

ATTRIBUT du SUJET

1) Caractéristiques essentielles

L'attribut apporte une précision (qualité, propriété) sur le sujet, par l'intermédiaire d'un verbe transitif particulier appelé « verbe attributif ».

Ex. : *Cette fleur est* **mauve**.

Dans cet exemple, *mauve* apporte une précision sur le sujet *cette fleur*, par l'intermédiaire du verbe attributif *est*.
La phrase attributive met donc en relation trois éléments : un sujet, un verbe attributif et un attribut du sujet.

Les verbes attributifs qui introduisent un attribut du sujet sont :
– des verbes d'état : ÊTRE, PARAÎTRE, SEMBLER, AVOIR L'AIR, PASSER POUR, SE MONTRER, RESTER, DEMEURER, DEVENIR, TOMBER...
– des verbes de mouvement : ARRIVER, PARTIR, REPARTIR, VENIR, REVENIR...
– des verbes donnant un titre (à la voix passive) : ÊTRE APPELÉ, NOMMÉ, SURNOMMÉ, ÉLU, DÉSIGNÉ, PROCLAMÉ...
L'attribut du sujet est une fonction essentielle.

2) Natures de l'attribut du sujet

Cette fonction peut être exercée par :
– un nom propre
Ex. : *Ma voisine est surnommée* **Marilyn** *par mes amis.*
– un nom commun
Ex. : *Nicolas est devenu* **instituteur**.
– un groupe nominal
Ex. : *Je suis* **le maître du monde** *!*
– un pronom
Ex. : *Il est* **celui** *dont vous aviez besoin.*
– un infinitif
Ex. : *L'essentiel est de* **participer**.
– un adjectif
Ex. : *Il est reparti* **heureux**.
– un participe passé ou présent
Ex. : *Lili paraît* **exténuée**.

– un groupe prépositionnel
Ex. : *Ils sont restés* **de marbre**.
– une proposition subordonnée conjonctive
Ex. : *L'essentiel est* **que tous les enfants participent au voyage**.
– une proposition subordonnée relative
Ex. : *Elle n'est pas* **qui l'on croit**.

3) Accord de l'attribut du sujet

Lorsqu'il est adjectif ou participe, l'attribut du sujet s'accorde en genre et en nombre avec le sujet du verbe.
Ex. : *Lili paraît* **exténuée**. (*Lili* = Fém. Sing.)
(Pour des précisions sur les accords, voir Adjectif, 2, p. 8.)

4) Attribut du sujet et phrase passive

Lorsque l'on met à la voix active une phrase passive qui contient un attribut du sujet, ce dernier devient attribut du complément d'objet.
Ex. : *Ma voisine est surnommée* **Marilyn** *par mes amis*.
Dans cette phrase à la voix passive, *Marilyn* est attribut du sujet *ma voisine*.
Ex. : *Mes amis surnomment ma voisine Marilyn*.
Dans la phrase à la voix active, *Marilyn* est attribut du complément d'objet ma voisine.

5) Remarque

Ex. : *La vieille cathédrale est restaurée*.
Il est préférable de considérer cet exemple comme une phrase passive, dans laquelle *est restaurée* est le verbe *restaurer* à l'indicatif présent (de la voix passive). En effet, le sujet *la vieille cathédrale* subit l'action du verbe et le complément d'agent est sous-entendu (*par des peintres spécialisés*, par exemple). *Restaurée* n'est donc pas, ici, un attribut du sujet.

COMPLÉMENT de l'ADJECTIF

1) Caractéristiques essentielles

Il apporte une précision sur l'adjectif.

Certains compléments de l'adjectif sont facultatifs, tandis que d'autres sont essentiels (exigés par la construction de l'adjectif).

Ex. : *un exercice* **très** *facile* (complément facultatif de l'adjectif)

Ex. : *un enfant capable* **du pire et du meilleur** (complément essentiel de l'adjectif)

Le complément de l'adjectif peut se construire directement ou à l'aide d'une préposition (DE, À, ENVERS, POUR...).

2) Natures du complément de l'adjectif

Cette fonction peut être assumée par :

- un nom propre
  Ex. : *un professeur aimable* **envers Lucas**
- un nom commun
  Ex. : *un tissu jaune* **paille**
- un groupe nominal
  Ex. : *une fillette douée* **pour les sports de glisse**
- un pronom
  Ex. : *des gens fiers* **d'eux**
- un infinitif
  Ex. : *une élève désireuse* **de comprendre**
- un adverbe
  Ex. : *un banquier* **toujours** *souriant*
- une proposition subordonnée conjonctive
  Ex. : *des parents mécontents* **de ce que leur enfant avait pu faire**

COMPLÉMENT de l'ADVERBE

1) Caractéristiques essentielles

Il apporte une précision sur l'adverbe.

Certains compléments de l'adverbe sont facultatifs, tandis que d'autres sont essentiels (exigés par la construction de l'adverbe).

Ex. : *Cette voiture roulait* ***excessivement*** *vite.* (complément facultatif de l'adverbe).

Ex. : *Vous êtes priés d'agir* ***conformément*** *à la loi.* (complément essentiel de l'adverbe)

Le complément de l'adverbe peut se construire directement ou avec une préposition.

2) Natures du complément de l'adverbe

Cette fonction peut être exercée par :

- un groupe nominal
  Ex. : *Il est dit, relativement* ***à la loi du 5 juin 1972****, ...*
- un autre adverbe
  Ex. : *Elles se sont levées* ***très*** *tôt.*
- une proposition subordonnée conjonctive
  Ex. : *Elle est habillée* ***autrement*** *qu'elle ne l'était la dernière fois !*
- une proposition subordonnée relative
  Ex. : *On se souvient de lui partout* ***où il est passé*** *!*

COMPLÉMENT d'AGENT

1) Caractéristiques essentielles

Le complément d'agent apparaît dans une phrase passive. Dans ce cas, c'est le complément d'agent qui fait l'action exprimée par le verbe à la voix passive, tandis que le sujet subit l'action.

Ex. : *La cathédrale est restaurée* par des peintres spécialisés.

(Voir Verbe, 2.c, p. 70.)

Lorsque le verbe est mis à la voix active (dans une phrase active), le complément d'agent devient son sujet.

Ex. : *Des peintres spécialisés restaurent la cathédrale.*

Le complément d'agent est une fonction facultative. On peut le supprimer.

Ex. : *La cathédrale est restaurée.*

2) Natures du complément d'agent

Cette fonction peut être exercée par :

- un nom propre

  Ex. : *Le poème sera récité* par Paul et Ulysse.
- un groupe nominal

  Ex. : *Le poème sera récité* par tous les élèves de la classe.
- un pronom

  Ex. : *Le poème sera récité* par eux.

3) Construction du complément d'agent

a) Le complément d'agent est le plus souvent introduit par la préposition PAR.

Ex. : *La souris a été mangée* par le chat.

b) Il peut aussi l'être par la préposition DE.

Ex. : *Le sapin était décoré* de boules multicolores.

c) Enfin, dans des tours figés, le complément d'agent est introduit par À.

Ex. : *Ce chapeau est déjà mangé* aux mites.

COMPLÉMENT CIRCONSTANCIEL

1) Caractéristiques essentielles

Cette fonction regroupe les compléments précisant les « circonstances » (temps, lieu, manière, but...) dans lesquelles une action a lieu.

Certains compléments circonstanciels sont des compléments de la phrase, mobiles. Ils sont donc facultatifs.

Ex. : ***Tous les soirs,*** *il appelle sa grand-mère.*
Il appelle sa grand-mère ***tous les soirs.*** (complément mobile)
Il appelle sa grand-mère. (complément facultatif de la phrase)

D'autres, en revanche, sont des compléments du verbe, situés à côté de ce dernier. Ils peuvent être, dans ce cas, facultatifs ou essentiels (exigés par la construction du verbe).

Ex. : *Mon frère mange* ***vite.***
~~*Vite mon frère mange*~~. (complément qui n'est pas mobile)
Mon frère mange. (complément facultatif du verbe)

Ex. : *Je vais souvent* ***à Bruges.***
À Bruges, *je vais souvent.* (complément qui n'est mobile que si l'on souhaite le mettre en évidence)
~~*Je vais souvent*~~. (complément essentiel du verbe)

2) Natures des compléments circonstanciels

a) De la phrase

La fonction de complément circonstanciel de la phrase peut être assumée par :

- un nom propre précédé d'une préposition
  Ex. : *L'euro a fait son apparition* ***en France.***
- un nom commun précédé d'une préposition
  Ex. : *L'euro a fait son apparition* ***sans problème.***
- un groupe nominal précédé d'une préposition
  Ex. : *L'euro a fait son apparition* ***dans tous les pays européens.***
- un pronom, éventuellement précédé d'une préposition
  Ex. : *L'euro* ***y*** *a fait son apparition.*

- un infinitif précédé d'une préposition
  Ex. : *L'euro y a fait apparition* **sans crier gare.**
- un gérondif
  Ex. : *L'euro a fait son apparition* **en inondant** *tous les marchés.*
- un adverbe
  Ex. : *L'euro a fait son apparition* **avant-hier.**
- une proposition subordonnée conjonctive
  Ex. : *L'euro a fait son apparition* **avant que les soldes ne commencent.**
- une proposition subordonnée participiale
  Ex. : *L'euro a fait son apparition,* **le début de l'année arrivant.**

b) Du verbe

La fonction de complément circonstanciel du verbe peut être exercée par :
- un nom propre précédé d'une préposition
  Ex. : *Je me rends* **en Bretagne.**
- un groupe nominal précédé d'une préposition
  Ex. : *Je me rends* **au pays de la musique celte.**
- un pronom, éventuellement précédé d'une préposition
  Ex. : *Je m'y rends.*
- un adverbe
  Ex. : *Je m'y rends* **souvent.**
- une proposition subordonnée conjonctive
  Ex. : *Je me rends en Bretagne* **dès que j'ai deux jours de congé.**

3) Sens des compléments circonstanciels

a) De la phrase

Certains d'entre eux précisent les circonstances dans lesquelles l'action se réalise :
- temps
  Ex. : **Aujourd'hui,** *il neige.*
- lieu
  Ex. : *La neige est tombée* **sur tout le pays.**
- but
  Ex. : *Je me suis dépêchée* **pour ne pas être en retard.**
- moyen
  Ex. : **Avec des efforts intenses et répétés,** *tu atteindras ton but.*

– cause
  Ex. : ***Suite à ce mensonge,*** *plus personne ne voulait la croire.*
– conséquence
  Ex. : *Il a plu tellement* ***que la Seine est en crue.***
– concession
  Ex. : ***Malgré ses efforts répétés,*** *il a échoué.*
– opposition
  Ex. : *J'attends depuis cinq minutes* ***alors que, toi, tu viens d'arriver.***
– hypothèse
  Ex. : *Consultez votre dictionnaire* ***si vous en avez besoin.***
– comparaison
  Ex. : *Elle est partie* ***comme elle était venue*** *: sans faire de bruit.*
Tandis que d'autres précisent l'attitude de l'énonciateur :
  Ex. : ***Heureusement,*** *il ne lui est rien arrivé.*

b) Du verbe

Certains sont facultatifs et précisent les circonstances dans lesquelles l'action se réalise :
– manière
  Ex. : *Cet enfant écrit* ***parfaitement.***
– moyen
  Ex. : *J'ai écrit l'adresse* ***avec un stylo à encre dorée.***
– cause
  Ex. : *Beaucoup de peuples souffrent* ***de la guerre.***
– accompagnement
  Ex. : *Je partirai* ***avec toi.***
D'autres sont essentiels et sont dictés par la construction du verbe. Ils accompagnent les verbes :
– dits « locatifs » (qui situent dans l'espace)
  Ex. : *J'habite* ***un immeuble ancien.***
– de poids, de prix, de temps
  Ex. : *Ce carton pèse* ***cinq kilos.***
  Ex. : *Ce livre coûte* ***trois euros.***
  Ex. : *Ce film dure* ***longtemps.***

COMPLÉMENT du NOM

1) Caractéristiques essentielles

La fonction complément du nom est une expansion du nom commun. Le complément du nom appartient au groupe nominal.
Il apporte une précision sur le nom ; il s'agit donc d'une fonction facultative.
Le plus souvent, le complément du nom est rattaché au nom noyau par une préposition (DE, À, EN, ENVERS...). Lorsque cette dernière est absente, elle est sous-entendue.

Ex. : *une machine* ***à écrire***
Ex. : *un stylo* ***bille*** (= un stylo ***à bille)***

2) Natures du complément du nom

Cette fonction peut être exercée par :
- un nom propre
  Ex. : *un costume* ***Armani***
- un nom commun
  Ex. : *un verre* ***de vin***
- un groupe nominal
  Ex. : *le chien* ***de mes voisins***
- un pronom
  Ex. : *l'attitude* ***de ceux-là***
- un infinitif
  Ex. : *la crainte* ***de vieillir***
- un adverbe
  Ex. : *les fêtes* ***d'autrefois***
- une préposition
  Ex. : *les voisins* ***d'en face***
- une proposition subordonnée :
- • relative
  Ex. : *l'opinion* ***que tu te feras du film***
- • conjonctive
  Ex. : *l'impression* ***que Marie ne viendra pas***

3) Remarques

Il ne faut pas confondre le complément du nom et l'apposition.

Ex. : *un costume* **Armani** (complément du nom)

Dans cet exemple, *Armani* restreint l'extension du nom noyau *costume* ; il faut sous-entendre la préposition DE.

Ex. : *le couturier Armani* (apposition)

Ici, *Armani* est l'apposition du nom noyau *couturier* ; il y a identité entre le nom apposé et le nom noyau.

(Voir Apposition, p. 76.)

Ex. : *une foule de spectateurs – une sorte de manteau*

Ces constructions doivent être analysées comme suit : déterminant indéfini (*une foule de ; une sorte de*) + nom commun (*spectateurs ; manteau*)

(Voir Déterminant indéfini, p. 25.)

COMPLÉMENT d'OBJET

1) Caractéristiques essentielles

Le complément d'objet est un complément essentiel du verbe (dicté par la construction du verbe).
On ne peut donc le trouver qu'après des verbes transitifs, directs ou indirects.
(Voir Verbe, 3.d, p. 71.)
Le complément d'objet peut donc être :
– **direct** (COD) : lorsqu'il est directement rattaché au verbe, sans préposition.

Ex. : *Le chat mange* ***la souris.***

Remarque : le complément d'objet direct de la phrase active devient le sujet dans la phrase passive.

Ex. : *La souris est mangée par le chat.*

(Voir Verbe, 2.c, p. 70.)
– **indirect** (COI) : il est alors rattaché au verbe par une préposition (imposée par le verbe).

Ex. : *Il se souvient* ***des jours heureux.***

– **second** (COS) : quand un même verbe a un complément d'objet direct et un complément d'objet indirect, ce dernier est appelé « complément d'objet second ».

Ex. : *J'offre des fleurs* ***à ma mère.***

2) Natures du complément d'objet

La fonction complément d'objet peut être assumée par :
– un nom propre

Ex. : *Je parle* ***à Marc.***

– un groupe nominal

Ex. : *Les dames regardaient* ***les boutiques illuminées.***

– un pronom

Ex. : *Les dames* ***les*** *regardaient.*

– un infinitif

Ex. : *Ils adorent* ***chanter.***

– une proposition subordonnée :
• conjonctive
Ex. : *Je crois* *qu'ils seront nombreux.*
• interrogative indirecte
Ex. : *Je te demande* *s'ils viendront.*
• infinitive
Ex. : *Je vois* *les portes s'ouvrir.*
• relative
Ex. : *Embrassez* *qui vous voulez.*

3) Place du complément d'objet

Le complément d'objet est placé à la droite du verbe.
Toutefois, il est antéposé dans quatre cas :
– quand il est pronom personnel conjoint
Ex. : *Les dames* *les regardaient.*
(Sur la place des pronoms personnels conjoints compléments d'objet, voir Pronom personnel, 3.c, p. 56.)
– quand il est pronom relatif
Ex. : *Les boutiques* *qu'elles regardaient étaient illuminées.*
– quand il est pronom interrogatif
Ex. : *Laquelle* *choisis-tu ?*
– quand il contient un déterminant interrogatif ou exclamatif
Ex. : *Quelle robe* *choisis-tu ?* – *Quelle belle robe* *tu as !*

COMPLÉMENT du PRONOM

1) Caractéristiques essentielles

Il apporte une précision sur le pronom.

Le complément du pronom se construit avec une préposition, sauf lorsqu'il s'agit d'une proposition subordonnée relative.

Les pronoms complétés sont, le plus souvent, des pronoms démonstratifs (simples), interrogatifs ou indéfinis.

Dans la plupart des cas, le complément du pronom est facultatif. Toutefois, les pronoms démonstratifs simples exigent un complément.

2) Natures du complément du pronom

Cette fonction peut être exercée par :
- un nom propre
  Ex. : *Lequel* **de Marc et Paul** *préfères-tu ?*
- un groupe nominal
  Ex. : *Lequel* **de ces chapeaux** *préfères-tu ?*
- un pronom
  Ex. : *Chacun* **d'entre eux** *avait une boisson.*
- un adjectif ou un participe employé seul
  Ex. : *Ce point est aussi important que celui* **abordé** *hier.*
- un infinitif
  Ex. : *J'ai une passion ; celle* **de lire.**
- un adverbe
  Ex. : *Aujourd'hui, le pain est frais ; celui* **d'hier** *ne l'était pas.*
- une préposition
  Ex. : *Le voisin d'à côté est bruyant ; celui* **d'en face** *est discret.*
- une proposition subordonnée relative
  Ex. : *Choisis celle* **qui te plaît le plus.**

3) Remarque

Il ne faut pas confondre complément du pronom et épithète.

Ex. : *Eux, inquiets, se sont soudain levés.*

Dans cet exemple, *inquiets* est épithète détachée du pronom personnel *eux*.

Ex. : *Rien de spécial.*

Ici aussi, *spécial* est épithète – indirecte, avec la préposition DE – du pronom indéfini *rien*.

(Voir Épithète et épithète détachée, p. 95.)

ÉPITHÈTE et ÉPITHÈTE DÉTACHÉE

1) Caractéristiques essentielles

La fonction épithète est une expansion du nom (commun ou propre), et du pronom. (Voir Remarques.)
L'épithète appartient au groupe nominal.
Elle apporte une précision sur le nom (ou le pronom) ; il s'agit donc d'une fonction facultative.

L'épithète peut être :
– **reliée directement au nom noyau, sans pause** (sans ponctuation à l'écrit) **ni préposition.**
Ex. : *J'ai rencontré des gens* **admirables.**
L'épithète est alors souvent postposée au nom noyau.
– **séparée du nom noyau par une pause** (une virgule, des tirets ou des parenthèses à l'écrit). Dans ce cas, elle est appelée « épithète détachée » et est mobile dans la phrase.
Ex. : *La jument,* ***effrayée,*** *partit au galop.*
Ex. : ***Effrayée,*** *la jument partit au galop.*

2) Natures de l'épithète

La fonction épithète peut être exercée par :
– un adjectif
Ex. : *J'ai rencontré des gens* **adorables.** (épithète)
Ex. : ***Adorables,*** *ces gens lui ont proposé de l'aide.* (épithète détachée)
– un participe passé ou présent
Ex. : *Ses cheveux* **mal peignés** *lui donnaient un air étrange.* (épithète)
Ex. : *Ses cheveux,* ***mal peignés,*** *lui donnaient un air étrange.* (épithète détachée)
– une proposition subordonnée relative
Ex. : *Elle a alors prononcé un mot* **qu'il n'oubliera jamais.** (épithète)
Ex. : *Ce mot,* ***qu'elle a prononcé en s'en allant,*** *il ne l'oubliera jamais.* (épithète détachée)

3) Remarques

Il ne faut pas confondre épithète et apposition. L'épithète, en effet, évoque une propriété passagère du nom noyau, tandis que l'apposition est co-référente au nom noyau.
(Voir Apposition, p. 76.)
Lorsque l'épithète (non détachée) a pour mot support un pronom, elle se construit avec la préposition DE.

Ex. : *Rien de spécial* ?

SUJET

1) Caractéristiques essentielles

Le sujet est, dans la phrase, une fonction essentielle, à côté du verbe. Il est le thème de la phrase, ce dont on parle, le prédicat (ce que l'on en dit) étant le verbe.

Ex. : **Les hirondelles** *chantent.* (*les hirondelles* = thème ; *chantent* = prédicat)

Dans la phrase active, le sujet fait l'action exprimée par le verbe ; dans la phrase passive, il la subit.

Le verbe s'accorde obligatoirement avec son sujet, en personne, en nombre et, lorsqu'il est au participe passé, en genre.

À la différence d'autres fonctions, le sujet n'est pas facultatif.

Ex. : **Les hirondelles** *chantent dès que* **le printemps** *est là.*
~~*Chantent dès que le printemps est là*~~.

Toutefois, le sujet n'apparaît pas :

- dans les phrases non verbales
  Ex. : *Tant pis !*
- quand le verbe est à l'impératif
  Ex. : *Chante. / Ne chante pas.*
- dans des expressions figées comme :
  Ex. : *Advienne que pourra. – Si bon vous semble...*

Remarque : Quand plusieurs verbes, juxtaposés ou coordonnés, ont un même sujet, il n'est généralement pas répété.

Ex. : *Il passera chez le libraire, puis ira au cinéma.*

2) Natures du sujet

Cette fonction peut être exercée par :

- un nom propre
  Ex. : **Alice** *rit.*
- un nom commun, rarement
  Ex. : **Pierre** *qui roule n'amasse pas mousse.*
- un groupe nominal
  Ex. : **Les élèves** *rient.*
- un pronom
  Ex. : **Ils** *rient.*

– un infinitif
  Ex. : *Fumer est dangereux pour la santé.*
– une proposition subordonnée :
• conjonctive
  Ex. : *Qu'il ne soit pas venu ne m'étonne pas du tout.*
• relative
  Ex. : *Qui m'aime me suive !*

3) Place du sujet

Le sujet se trouve à la gauche du verbe.
Cependant, il est postposé :
– dans certaines phrases interrogatives
  Ex. : *Que fait-il de ses dix doigts ?*
(Voir Types de phrases, 3.b, p. 110.)
– dans certaines phrases exclamatives
  Ex. : *Sont-ils mignons !*
(Voir Types de phrases, 5.b, p. 112.)
– dans les propositions incises
  Ex. : *« Je n'ai pas faim ! », s'exclama-t-elle.*
– après certains adverbes
  Ex. : *Ci-gît Charles Baudelaire. – Peut-être est-elle déjà couchée.*
Le sujet est parfois représenté par deux éléments. C'est le cas :
– dans les phrases interrogatives, lorsque le sujet est un nom propre ou un groupe nominal
  Ex. : *Pierre est-il là ?*
  Ex. : *Les hirondelles chantent-elles ?*
– lorsque l'on souhaite mettre le sujet en évidence.
  Ex. : *J'irai la voir, moi.*

4) Sujet apparent et sujet réel

Certains grammairiens distinguent « sujet apparent » et « sujet réel ». Cette distinction ne concerne que les verbes impersonnels.
  Ex. : *Il paraît qu'il est malade.*
Dans ce cas, le pronom impersonnel *il* est appelé « sujet apparent » du verbe *paraît*, le « sujet réel » étant la proposition subordonnée conjonctive *qu'il est malade*.
(Voir Verbe, 3.c, p. 72.)

- III -
La phrase

ÉNONCIATION

1) Énonciation et énoncé

L'énonciation, c'est le fait de communiquer avec une ou plusieurs personnes, à un moment précis et en un endroit précis.
L'énoncé, c'est le mot ou la suite de mots (la phrase) émis par celui qui parle ou écrit.

Ex. : *« Bonjour ! »* et *« N'oublieras-tu pas l'anniversaire de Maman, dimanche prochain ? »* sont des énoncés.

2) Situation d'énonciation

La situation d'énonciation est définie par
– le locuteur (appelé aussi « énonciateur » ou « émetteur »), celui qui parle ou écrit,
– l'interlocuteur (ou « destinataire », ou « récepteur »), celui à qui l'on parle ou écrit,
– le moment où l'énoncé est produit
– le lieu où il est produit
– tous les êtres ou objets présents dans la situation d'énonciation.

3) Indices de la situation d'énonciation

Certains mots, appelés « indices », présentent la particularité d'évoquer l'un des éléments de la situation d'énonciation.

Ex. : *Maintenant, tu sais, je me suis fait beaucoup d'amis, ici.*

Dans cet exemple :
– les pronoms personnels JE et ME renvoient au locuteur
– le pronom personnel TU réfère à l'interlocuteur
– l'adverbe MAINTENANT renvoie au moment de l'énonciation
– l'adverbe ICI désigne le lieu de l'énonciation.

Ex. : *Ouvre cette fenêtre.*

Dans la phrase ci-dessus, le déterminant démonstratif CETTE réfère à un objet présent dans la situation d'énonciation. Ces pronoms, adverbes et déterminant ont donc une valeur déictique.

Ainsi, certains textes sont ancrés dans la situation d'énonciation. C'est le cas des conversations, des dialogues, des lettres, des journaux intimes, des messages publicitaires...
D'autres sont coupés de la situation d'énonciation : romans, nouvelles, contes, fables, ouvrages historiques...

NÉGATION

1) Caractéristiques essentielles

La négation peut porter sur divers éléments : nom, groupe nominal, pronom, adjectif, participe passé employé seul, verbe, préposition, adverbe, proposition.

Ex. : *Cette affirmation est un* **non**-*sens.*
Ex. : *C'était une femelle,* **non** *un mâle !*
Ex. : *C'est le mien,* **non** *le tien !*
Ex. : *Il a reçu une somme* **non** *négligeable.*
Ex. : *Attendez-vous à une dictée* **non** *préparée.*
Ex. : *Ils* **n'***avaient* **jamais** *entendu pareille sottise.*
Ex. : *Les alpinistes atteignirent le sommet,* **non** *sans peine.*
Ex. : *On pouvait voir,* **non** *loin de là, les ruines d'un château.*
Ex. : *Elle éclata en sanglots,* **sans qu'***elle sache vraiment pourquoi.*

La négation est obtenue, très généralement, par la présence d'un adverbe de négation.
Mais la langue dispose d'autres moyens, pour nier. C'est le cas de certains déterminants ou pronoms indéfinis, de certaines prépositions ou conjonctions, des préfixes privatifs.
Enfin, certains mots ont, intrinsèquement, un sens négatif.

2) Adverbes de négation

a) NE peut s'employer seul ou être accompagné d'autres mots.

Il peut aussi avoir une valeur négative très affaiblie (NE explétif).

NE marque seul la négation :
- dans des tours figés
  Ex. : *Qu'à cela* **ne** *tienne, je viendrai.*
- après le pronom interrogatif / exclamatif QUE
  Ex. : *Que* **ne** *l'as-tu pas dit plus tôt ?*
- après des verbes comme SAVOIR et AVOIR, suivi de QUE et d'un infinitif.
  Ex. : *Je* **ne** *sais que faire.*
  Ex. : *Je* **n'***en ai que faire de cette histoire.*

NE est accompagné :
– d'adverbes : PAS, POINT, GUÈRE, PLUS, JAMAIS, NULLEMENT, AUCUNEMENT, NULLE PART.
Ex. : *Ils n'iront **pas** / **point** / **plus** / **jamais** / **nullement** / **aucunement** à Biarritz.*
Ex. : *Ils n'iront **nulle part**.*
Ex. : *Ils ne partaient **guère**.*
– de déterminants indéfinis : AUCUN, NUL
Ex. : *Ils n'avaient **aucun** / **nul** désir de partir.*
– de pronoms indéfinis : PERSONNE, RIEN, AUCUN
Ex. : *Ils **ne** souhaitaient voir **personne**.*
Ex. : ***Rien ne** leur plaisait tant que leur chez-soi.*
Remarques :
* Certains de ces adverbes, déterminants et pronoms peuvent exprimer la négation, même s'ils ne sont pas accompagnés de NE et ce, notamment, dans les phrases non verbales.
Ex. : *« Où vas-tu ? – **Nulle part**. »*
Ex. : *« Quel devoir as-tu déjà fait ? – **Aucun**. »*
Ex. : *« Qu'as-tu fait de ton après-midi ? – **Rien**. »*
* À l'oral et dans la langue familière, NE est souvent omis.
Ex. : *« Quand tes parents rentrent-ils ? – **Je sais pas**. »*
– de QUE
Ex. : *Ils **ne** voyaient **que** leurs enfants.*
Dans ce cas, la négation est restreinte ; elle ne porte que sur l'élément précédé de QUE.
– de la conjonction de coordination NI
Ex. : *Je **n'**ai **ni** cigare **ni** cigarette à vous offrir.*

NE est explétif lorsque sa valeur négative est faible ; son expression est alors facultative.
C'est le cas dans les propositions subordonnées conjonctives :
– après des mots exprimant :
• la crainte
Ex. : *Elle s'est tue de peur qu'il **ne** se fâche.*
• le doute ou la négation construits négativement ou interrogativement
Ex. : *Je ne doutais pas un seul instant que cet enfant **ne** dise la vérité.*
Ex. : *Nies-tu que ce **ne** soit lui qui t'ait entraîné ?*
• la comparaison (inégalité)
Ex. : *Il est moins intelligent que **ne** l'est son frère.*

- la concession, après À MOINS QUE
  Ex. : *J'irai te voir, à moins que tu* **ne** *puisses te déplacer.*
- l'antériorité, après AVANT QUE
  Ex. : *Elle avait tout préparé avant qu'il n'arrive.*

b) NON peut s'employer seul, être accompagné de l'adverbe PAS ou être à lui seul un énoncé.

Employé seul, il peut porter sur :

– un nom
  Ex. : *L'accusé bénéficia d'un* **non**-*lieu.*
– un groupe nominal
  Ex. : *Je vous ai demandé une limonade,* **non** *une orangeade !*
– un pronom
  Ex. : *C'est la sienne,* **non** *la tienne ; rends-la lui !*
– un adjectif
  Ex. : *Il a été déclaré* **non** *coupable.*
– un participe passé employé seul
  Ex. : *Vous avez remis un travail* **non** *abouti.*
– une préposition
  Ex. : *Elle y est arrivée* **non** *sans peine.*
– un adverbe.
  Ex. : *Une petite rivière coulait* **non** *loin de là.*

Il peut aussi se combiner avec PAS.
  Ex. : *C'est à lui que je parle, et* **non pas** *à toi.*
Enfin, il apparaît comme mot unique d'une phrase non verbale.
  Ex. : *« As-tu mal quelque part ? –* **Non**. »

3) PRÉPOSITION NÉGATIVE SANS

SANS peut exprimer à lui seul la négation.
  Ex. : *Ils participent à la fête* **sans** *y avoir été invités.*
Il peut aussi se combiner avec NON.
  Ex. : *Elle y est arrivée* **non sans** *mal.*

4) LOCUTION CONJONCTIVE SANS QUE

SANS QUE peut aussi exprimer la négation à lui seul. L'adverbe NE est, dans ce cas, très souvent facultatif.
  Ex. : *Ils participent à la fête* **sans qu'***ils soient invités.*

5) Préfixes négatifs

Les principaux préfixes de négation sont A-, DIS-, IN- et MÉ-.

A- porte sur des noms ou des adjectifs

Ex. : *la tonalité / l'**atonalité** ; la pesanteur / l'**apesanteur***

Ex. : *social / **asocial** ; moral / **amoral***

DIS- porte aussi sur des noms ou des adjectifs.

Ex. : *la continuité / la **discontinuité** ; l'harmonie / la **disharmonie***

Ex. : *courtois / **discourtois** ; semblable / **dissemblable***

IN-, IM-, IL- et IR-

Ex. : *la discipline / l'**indiscipline** ; la tolérance / l'**intolérance***

Ex. : *correct / **incorrect** ; habituel / **inhabituel***

Ex. : *la pudeur / l'**impudeur** ; la précision / l'**imprécision***

Ex. : *prononçable / **imprononçable** ; moral / **immoral***

Ex. : *logique / **illogique** ; lisible / **illisible***

Ex. : *le respect / l'**irrespect** ; la réflexion / l'**irréflexion***

Ex. : *réel / **irréel** ; réalisable / **irréalisable***

Ces préfixes se combinent la plupart du temps avec des noms communs ou des adjectifs.

DÉ(S)-

Ex. : *la nutrition / la **dénutrition** ; l'honneur / le **déshonneur***

Ex. : *raisonnable / **déraisonnable** ; agréable / **désagréable***

Ex. : *régler / **dérégler** ; habiller / **déshabiller***

MÉ-

Ex. : *l'entente / la **mésentente** ; l'intelligence / la **mésintelligence***

Ex. : *content / **mécontent***

Ex. : *connaître / **méconnaître** ; se fier / **se méfier***

Ces deux préfixes portent, eux, sur des noms communs, des adjectifs ou des verbes.

6) Mots intrinsèquement négatifs

Enfin, certains mots ont, en eux-mêmes, un sens négatif.

Ex. : *le **jeûne*** (le fait de ne pas manger) – *la **veille*** (le fait de ne pas dormir)

Ex. : ***absent*** (qui n'est pas là) – ***absurde*** (qui n'est pas sensé)

Ex. : ***taire*** (ne pas dire) – ***refuser*** (ne pas consentir à)

PHRASE : SIMPLE et COMPLEXE

1) CARACTÉRISTIQUES ESSENTIELLES

La phrase simple est constituée d'une seule proposition ; elle contient un seul syntagme sujet + verbe. Cette proposition est donc indépendante : elle ne dépend d'aucune autre proposition et aucune autre ne dépend d'elle.

Ex. : *Tu iras au cinéma demain.* (sujet = *tu* + verbe = *iras*)

La phrase complexe est constituée de plusieurs propositions ; elle contient plusieurs syntagmes sujet + verbe.

Ex. : *Le guide qui nous accompagnait fut très apprécié de tous et les touristes espagnols le remercièrent chaleureusement.*

Cette phrase est complexe, puisqu'elle contient trois propositions :
1) *le guide fut très apprécié de tous* (sujet = *le guide* + verbe = *fut apprécié*)
2) *qui nous accompagnait* (sujet = *qui* + verbe = *accompagnait*)
3) *les touristes espagnols le remercièrent chaleureusement* (sujet = *les touristes espagnols* + verbe = *remercièrent*)

2) PHRASE COMPLEXE

Pour former une phrase complexe, les propositions peuvent être reliées de diverses façons.

a) Elles sont reliées par juxtaposition, à l'aide d'un signe de ponctuation (virgule, deux points, point-virgule). Dans ce cas, les deux propositions sont indépendantes : elles sont d'égale importance, aucune ne dépend de l'autre, et l'une ou l'autre pourrait être supprimée.

Ex. : *Tout était calme, je m'endormis.*
Tout était calme. / Je m'endormis.

b) Elles sont reliées par coordination lorsque le mot-outil est une conjonction de coordination. Dans ce cas aussi, les deux propositions

sont indépendantes : elles sont d'égale importance, aucune ne dépend de l'autre, et l'une ou l'autre peut être supprimée.

Ex. : *Tout était calme **et** je m'endormis.*
Tout était calme. / Je m'endormis.

c) Lorsqu'elles sont reliées par subordination, l'une des propositions – la proposition subordonnée – dépend de l'autre – la proposition principale. En effet, la proposition subordonnée ne peut fonctionner sans la proposition principale.

Ex. : ***Lorsque** tout fut calme, je m'endormis.*
~~*Lorsque tout fut calme*~~.

(Voir Propositions subordonnées conjonctive, p. 114 ; infinitive, p. 119 ; interrogative indirecte, p. 121 ; participiale, p. 123 ; et relative, p. 124.)

La proposition subordonnée peut être introduite par un mot-outil :

– une conjonction de subordination
Ex. : *Je m'endormis **lorsque** tout fut calme.*

La proposition subordonnée est alors appelée « conjonctive ».

– un pronom relatif
Ex. : *Le guide **qui** nous accompagnait fut très apprécié de tous.*

La proposition subordonnée est appelée « relative ».

– un mot (déterminant, pronom ou adverbe) interrogatif
Ex. : *Maman te demande **quelle** robe tu vas mettre.*
Ex. : *Maman te demande **qui** tu as invité.*
Ex. : *Maman te demande **pourquoi** tu n'es pas venue.*

La proposition subordonnée est appelée « interrogative indirecte ».

En outre, il existe des propositions subordonnées qui ne sont introduites par aucun mot-outil.

– **La proposition subordonnée « infinitive »** est constituée d'un verbe à l'infinitif, accompagné d'un thème qu'il ne partage avec aucun autre verbe.
Ex. : *J'entends* ***chanter les oiseaux.*** (le thème de *chanter, les oiseaux,* n'est le thème d'aucun autre verbe)

– **La proposition subordonnée « participiale »** est constituée d'un verbe au participe présent, accompagné d'un thème qu'il ne partage avec aucun autre verbe.
Ex. : ***Les grilles s'ouvrant,*** *les clients se précipitèrent dans le magasin.* (le thème de *s'ouvrant, les grilles*, n'est le thème d'aucun autre verbe)

Remarque : Les exemples ci-dessous, sont des phrases simples ; elles ne contiennent qu'une seule proposition.

Ex. : *J'adore lire le soir.*

Dans cette phrase, l'infinitif *lire* partage son thème *j'* avec un autre verbe, *adore*. Il n'y a donc pas de proposition subordonnée infinitive.

Ex. : *S'impatientant, le candidat perdit son sang-froid.*

Dans cet exemple, le participe présent, *s'impatientant*, partage son thème, *le candidat*, avec un autre verbe, *perdit*. Il n'y a donc pas de proposition subordonnée participiale.

d) Tableau récapitulatif

	Proposition	**« Outil »**	**Proposition**
Juxtaposition	indépendante	signe de ponctuation	indépendante
Coordination	indépendante	conjonction de coordination	indépendante
Subordination	principale	conjonction de subordination	subordonnée conjonctive
	principale	pronom relatif	subordonnée relative
	principale	mot interrogatif	subordonnée interrogative indirecte
	principale	/	subordonnée infinitive
	principale	/	subordonnée participiale

TYPES de PHRASES

1) Caractéristiques essentielles

Lorsqu'une phrase est émise (prononcée ou écrite) dans une situation d'énonciation précise, elle devient un énoncé. L'énonciateur manifeste son attitude, vis-à-vis de son énoncé. (Voir Énonciation, p. 100.)
Quatre attitudes sont possibles, auxquelles correspondent les quatre types de phrases :
a) **L'énonciateur présente un énoncé comme vrai** et en informe éventuellement son interlocuteur. La phrase est alors déclarative.
 Ex. : *Bénédicte fait consciencieusement ses devoirs.*
b) **L'énonciateur présente un énoncé qui n'est ni vrai ni faux** et demande une information à l'interlocuteur. La phrase est interrogative.
 Ex. : *Bénédicte fait-elle consciencieusement ses devoirs ?*
c) **L'énonciateur exprime sa volonté** (ordre, prière, conseil) et entend que l'interlocuteur agisse ou se garde d'agir. La phrase est impérative.
 Ex. : *Fais tes devoirs consciencieusement.*
d) **L'énonciateur exprime ses sentiments** (admiration, contentement, colère...). La phrase est exclamative.
 Ex. : *Pour une fois, fais tes devoirs consciencieusement !*

2) Phrase déclarative

a) La phrase déclarative se termine par un point (.).

b) Dans la phrase déclarative, l'ordre des mots est généralement le suivant : sujet + verbe + compléments d'objet Toutefois, cet ordre peut être modifié :
– lorsque la phrase commence par des adverbes comme AINSI, À PEINE, PEUT-ÊTRE...
 Ex. : *Ainsi faisait-elle consciencieusement ses devoirs.* (verbe + sujet)
– quand il s'agit d'une incise
 Ex. : *Elle faisait consciencieusement ses devoirs, m'a-t-elle dit.* (verbe + sujet)
– quand un pronom personnel complément du verbe s'intercale entre le sujet et le verbe
 Ex. : *Elle les faisait consciencieusement.* (sujet + COD + verbe)

3) Phrase interrogative

a) La phrase interrogative se termine par un point d'interrogation (?).

b) On distingue :

– l'interrogation totale, à laquelle on peut répondre par « oui » ou « non », et dans laquelle il n'y a pas de mot interrogatif.

Ex. : *Bénédicte fait-elle consciencieusement ses devoirs ?*

– l'interrogation partielle, à laquelle on ne peut pas répondre par « oui » ou « non ».

Elle porte sur un élément précis de la phrase, représenté par un mot interrogatif.

Ex. : *Quand Bénédicte compte-t-elle faire ses devoirs ?*

c) Dans la phrase interrogative, l'ordre des mots est généralement le suivant : (mot interrogatif) + verbe + sujet

Dans l'interrogation totale, la postposition peut être simple ou complexe.

– Elle est simple lorsque le sujet est un pronom personnel ou le pronom démonstratif CE.

Ex. : *Fait-elle ses devoirs ?*

Ex. : *Est-ce Bénédicte que je vois ?*

– Elle est complexe dans les autres cas ; le sujet se trouve alors avant le verbe et est repris par un pronom personnel.

Ex. : *Bénédicte* fait-*elle* ses devoirs ? (sujet + verbe + reprise du sujet)

Dans l'interrogation partielle, trois cas de figure sont possibles :

– Il n'y a pas de postposition si la question porte sur le sujet

Ex. : *Qui a offert ces fleurs à grand-mère ?* (sujet + verbe + compléments d'objet)

– La postposition est simple :

• après les pronoms interrogatifs QUE, QUI (attribut), QUEL, QUELLE, QUELS, QUELLES, LEQUEL et les autres formes composées.

Ex. : *Que fait Bénédicte ?*

Ex. : *Qui est Bénédicte ?*

Ex. : *Quelle est cette fille ?*

Ex. : *Lesquels choisit-elle ?* (mot interrogatif + verbe + sujet)

(Voir Pronom interrogatif, p. 51.)

• après les adverbes et déterminants interrogatifs, lorsque le sujet est un pronom personnel ou le pronom démonstratif CE.

Ex. : *Quand compte-t-elle faire ses devoirs ?*

Ex. : *Quel devoir est-ce ?* (mot interrogatif + verbe + sujet)

(Voir Adverbe et Déterminant interrogatif, p. 28.)

– La postposition est complexe dans les autres cas.

Ex. : *Quand* ***Bénédicte*** *compte-t-****elle*** *faire ses devoirs ?*

Ex. : *Quels devoirs* ***Bénédicte*** *fait-****elle*** *?* (mot interrogatif + sujet + verbe + reprise du sujet)

Remarques :

1) Après EST-CE QUE, l'ordre sujet + verbe est maintenu.

Ex. : *Est-ce que Bénédicte fait ses devoirs consciencieusement ?*

2) À l'oral, l'ordre des mots est souvent celui de la phrase déclarative.

Ex. : *Bénédicte a fait ses devoirs ?* (sujet + verbe)

4) Phrase impérative

a) La phrase impérative se termine par un point (.).

b) Le mode du verbe de la phrase impérative varie selon la personne à laquelle l'énonciateur s'adresse. La présence ou non du sujet est aussi liée à ce critère. Trois cas sont possibles :

– L'énonciateur s'adresse à un interlocuteur précis. Le verbe est alors conjugué à l'impératif et le sujet n'est pas exprimé.

Ex. : *Fais tes devoirs.* (2e PS)

Ex. : *Faisons nos devoirs.* (1re PP)

Ex. : *Faites vos devoirs.* (2e PP)

– L'énonciateur s'adresse à un tiers. Le verbe est au subjonctif (précédé de QUE) et le sujet est exprimé.

Ex. : *Qu'elle fasse ses devoirs.* (3e PS)

Ex. : *Qu'ils fassent leurs devoirs.* (3e PP)

– L'énonciateur s'adresse à un interlocuteur indéterminé. Le verbe est, dans ce cas, à l'infinitif (sans sujet).

Ex. : *Prendre une casserole à fond épais.*

5) Phrase exclamative

a) À l'écrit, la phrase exclamative se termine par un point d'exclamation (!).
À l'oral, elle est marquée par l'intonation.

b) Dans la phrase exclamative, l'ordre des mots est généralement le suivant : sujet + verbe.
Ex. : *Quelle idiote je suis !*
Toutefois, quand il n'y a pas de mot exclamatif, les pronoms personnels et le pronom démonstratif CE, sujets, sont postposés.
Ex. : *Suis-je bête !*
Ex. : *Est-ce bête !* (verbe + sujet)

c) La phrase exclamative peut être non verbale.
Ex. : *Quelle idiote !*
Ex. : *Pouet-pouet !* (interjection)

d) Le verbe de la phrase exclamative peut être à l'indicatif, au subjonctif ou à l'infinitif.

6) Remarque

La modalité exclamative, traduisant l'affectivité de l'énonciateur, peut se combiner avec les autres modalités. Ainsi, certaines phrases déclaratives, interrogatives ou impératives peuvent-elles être aussi exclamatives.
Ex. : *Je ne le répéterai pas !* (phrase déclarative et exclamative)
Ex. : *Tu as eu un 20 / 20 ?!* (phrase interrogative et exclamative)
Ex. : *Pour la dernière fois, fais tes devoirs !* (phrase impérative et exclamative)

PHRASE : VERBALE et NON VERBALE

La phrase peut être constituée d'un ou de plusieurs mots, quel que soit son type.

Ex. : *Merci. – Comment ? – Viens. – Bonjour !*

Ex. : *Tu n'oublieras pas l'anniversaire de Maman, dimanche prochain.*
N'oublieras-tu pas l'anniversaire de Maman, dimanche prochain ?
N'oublie pas l'anniversaire de Maman, dimanche prochain.
N'oublie pas l'anniversaire de Maman, dimanche prochain !

Remarque : Certains grammairiens distinguent « phrase » et « énoncé ». Ils considèrent, en effet, que la caractéristique essentielle de la phrase est d'être constituée d'éléments qui exercent une fonction autour du verbe. La phrase est donc grammaticalement analysable et compréhensible en dehors de toute situation d'énonciation.
L'énoncé est, quant à lui, le mot ou la suite de mots (la phrase) émis par le locuteur, dans une situation d'énonciation précise.
Par conséquent, toute suite de mots sans verbe est appelée « énoncé » et non pas « phrase ».
(Voir Énonciation, p. 100.)

La phrase est verbale lorsqu'elle contient au moins un verbe conjugué.

Ex. : *Viens.*

Ex. : *Il passera chez le libraire puis ira au cinéma.*

Ex. : *Le guide qui nous accompagnait fut très apprécié de tous et les touristes espagnols le remercièrent chaleureusement.*

La phrase simple est non verbale quand elle ne contient pas de verbe conjugué.

– On la trouve surtout à l'oral, dans les phrases interrogatives et exclamatives.

Ex. : *Pardon ? Comment ? Quoi ? Partir ? Jamais !*

Ex. : *Quel tableau superbe !*

Ex. : *Quels champions, ces Bleus !*

– Elle apparaît aussi à l'écrit, dans :

- les titres
  Ex. : *Inondations en Dordogne.*
- les notices
  Ex. : *Manipuler avec précaution.*
- les didascalies
  Ex. : *Antigone, côté cour.*

PROPOSITION SUBORDONNÉE CONJONCTIVE

1) CARACTÉRISTIQUES ESSENTIELLES

La proposition subordonnée conjonctive est introduite par une conjonction de subordination, qui n'y exerce aucune fonction.
(Voir Conjonction de subordination, p. 17.)
Remarque : Bien que conjonction de subordination, SI, parfois appelé « adverbe interrogatif », peut aussi introduire des propositions subordonnées interrogatives indirectes.
(Voir Proposition subordonnée interrogative indirecte, p. 121.)

Dans la proposition subordonnée conjonctive, la conjonction de subordination enchâsse la proposition subordonnée dans la principale et établit une démarcation entre ces deux propositions.
Ex. : *Je m'endormis / lorsque tout fut calme.*

2) FONCTIONS DE LA PROPOSITION SUBORDONNÉE CONJONCTIVE

Cette proposition peut exercer les fonctions suivantes :
- sujet
  Ex. : *Qu'il ne soit pas venu ne m'étonne pas du tout.*
- attribut du sujet
  Ex. : *L'essentiel est que tous les enfants participent au voyage.*
- complément d'objet direct
  Ex. : *Je crois qu'ils seront nombreux.*
- complément d'objet indirect
  Ex. : *Je m'attends à ce qu'il ne vienne pas.*
- apposition
  Ex. : *Je n'ai qu'un souhait, que cette année soit bonne.*
- complément du nom
  Ex. : *J'ai l'impression que Marie ne viendra pas.*

– complément de l'adjectif

Ex. : *Les parents étaient mécontents* ***de ce que leur enfant avait pu faire.***

– complément circonstanciel :

- de temps

Ex. : *L'euro a fait son apparition* ***quand les soldes ont commencé.***

- de but

Ex. : *Je me suis pressée* ***pour que tu ne doives pas m'attendre.***

- de cause

Ex. : *Je me suis pressée* ***parce que je savais que tu m'attendais.***

- d'opposition

Ex. : *Je me suis pressée* ***alors que, toi, tu as pris tout ton temps !***

- de concession

Ex. : ***Bien que je me sois pressée,*** *je suis en retard.*

- d'hypothèse

Ex. : *Consultez votre dictionnaire* ***si vous en avez besoin.***

de conséquence

Ex. : *Il a plu tellement* ***que la Seine est en crue.***

- de comparaison

Ex. : *Elle est partie* ***comme elle était venue*** *: sans faire de bruit.*

3) Modes et temps dans la proposition subordonnée conjonctive introduite par QUE et les locutions contenant QUE

a) Le verbe de la proposition subordonnée conjonctive peut se mettre à l'indicatif ou au subjonctif.

Le subjonctif étant le mode du possible, il sera utilisé chaque fois que l'action est incertaine, c'est-à-dire :

– après des verbes ou des mots exprimant le doute, la volonté, un sentiment (crainte, regret, contentement, indignation...)

Ex. : *Je doute* ***qu'il soit à l'heure.*** (doute)

Ex. : *Je veux* ***qu'il soit à l'heure.*** (volonté)

Ex. : *Je suis contente* ***qu'il soit à l'heure.*** (sentiment)

– après une proposition principale interrogative ou négative

Ex. : *Crois-tu* ***qu'il soit à l'heure ?*** (principale interrogative)

Ex. : *Je ne suis pas certaine* ***qu'il soit à l'heure.*** (principale négative)

– quand la proposition subordonnée conjonctive est un complément circonstanciel :

- de temps qui marque l'antériorité
  Ex. : *Je serai là* ***avant que tu ne t'en ailles.***
- de concession
  Ex. : *On voit encore la lune,* ***quoiqu'il soit déjà tard.***
- de but
  Ex. : *Installez-vous* ***afin que tous puissent voir l'écran.***
- d'hypothèse
  Ex. : *Nous vous accompagnerons* ***pour peu que nous soyons invités.***

– quand la proposition subordonnée conjonctive est en tête de phrase et exerce la fonction de sujet ou de complément d'objet.

Ex. : ***Qu'il soit en retard*** *est possible.* (sujet, en tête de phrase)

Ex. : ***Qu'il ait eu tort,*** *il le sait.* (COD, en tête de phrase)

L'indicatif sera utilisé dans les autres cas.

b) Un phénomène de concordance des temps s'opère, entre le verbe de la proposition principale et celui de la proposition subordonnée conjonctive.

Cette concordance se fait comme suit :

Verbe de la proposition principale	Verbe de la proposition subordonnée conjonctive à l'**indicatif**		
	Antériorité	Simultanéité	Postériorité
Présent	Passé composé	Présent	Futur simple
Ex. : *Je crois*	*qu'elle est partie.*	*qu'elle part.*	*qu'elle partira.*
Futur simple			
Ex. : Je croirai	*qu'elle est partie.*	*qu'elle part.*	*qu'elle partira.*
Imparfait	Plus-que-parfait	Imparfait	Conditionnel présent
Ex. : *Je croyais*	*qu'elle était partie.*	*qu'elle partait.*	*qu'elle partirait.*
Passé simple			
Ex. : *Je crus*	*qu'elle était partie.*	*qu'elle partait.*	*qu'elle partirait.*
Passé composé			
Ex. : *J'ai cru*	*qu'elle était partie.*	*qu'elle partait.*	*qu'elle partirait.*
Conditionnel passé			
Ex. : *J'aurais cru*	*qu'elle était partie.*	*qu'elle partait.*	*qu'elle partirait.*

Verbe de la proposition principale	Verbe de la proposition subordonnée conjonctive au **subjonctif**		
	Antériorité	Simultanéité	Postériorité
Présent Ex. : *Je veux*	Passé *qu'elle soit partie.*	Présent *qu'elle parte.*	Présent *qu'elle parte.*
Futur simple Ex. : *Je voudrai*	*qu'elle soit partie.*	*qu'elle parte.*	*qu'elle parte.*
Imparfait Ex. : *Je voulais*	Plus-que-parfait *qu'elle fût partie.*	Imparfait *qu'elle partît.*	Imparfait *qu'elle partît.*
Passé simple Ex. : *Je voulus*	*qu'elle fût partie.*	*qu'elle partît.*	*qu'elle partît.*
Passé composé Ex. : *J'ai voulu*	*qu'elle fût partie.*	*qu'elle partît.*	*qu'elle partît.*
Conditionnel présent Ex. : *Je voudrais*	*qu'elle fût partie.*	*qu'elle partît.*	*qu'elle partît.*
Conditionnel passé Ex. : *J'aurais voulu*	*qu'elle fût partie.*	*qu'elle partît.*	*qu'elle partît.*

4) Mode et temps dans la proposition subordonnée conjonctive introduite par SI

Le verbe de la proposition subordonnée conjonctive introduite par si se met toujours à l'indicatif.
Dans ce cas, c'est le temps du verbe de la proposition subordonnée conjonctive qui dicte celui du verbe de la proposition principale.
La concordance s'opère comme suit :

Verbe de la proposition subordonnée conjonctive	Verbe de la proposition principale		
Présent Ex. : *Si tu y vas,*	Présent *je t'accompagne.*	ou	Futur simple *je t'accompagnerai.*
Imparfait Ex. : *Si tu y allais,*	Conditionnel présent *je t'accompagnerais.*		
Plus-que-parfait Ex. : *Si tu y étais allée,*	Conditionnel passé *je t'aurais accompagnée.*		

Remarque : Le verbe de la proposition subordonnée conjonctive se met :
– au présent, s'il est possible que l'action se réalise dans le présent de l'énonciateur

Ex. : *Si tu y vas, je t'accompagne.* (équivaut à « si tu y vas maintenant... »)

– à l'imparfait, s'il est possible que l'action se réalise dans l'avenir de l'énonciateur

Ex. : *Si tu y allais, je t'accompagnerais.* (équivaut à « si tu décides d'y aller »)

– au plus-que-parfait, si l'action était possible dans le passé mais qu'elle ne s'est finalement pas réalisée

Ex. : *Si tu y étais allée, je t'aurais accompagnée.* (équivaut à « tu aurais pu y aller, mais tu ne l'as finalement pas fait »)

5) Mode dans la proposition subordonnée conjonctive introduite par COMME

Le verbe de la proposition subordonnée conjonctive introduite par COMME se met à l'indicatif.

Ex. : *Comme le professeur est absent, les élèves s'en vont.*

6) Mode dans la proposition subordonnée conjonctive introduite par QUAND

Le verbe de la proposition subordonnée conjonctive introduite par QUAND se met à l'indicatif (puisqu'elle indique une simultanéité ou une postériorité par rapport à la proposition principale).

Ex. : *J'ouvrais la porte quand le téléphone sonna.* (simultanéité)

Ex. : *Quand Marie-Laure est arrivée, il était parti.* (postériorité)

PROPOSITION SUBORDONNÉE INFINITIVE

1) Caractéristiques essentielles

La proposition subordonnée infinitive n'est introduite par aucun mot subordonnant.
Elle est directement (sans préposition) rattachée au verbe de la proposition principale.
Ex. : *J'entends* ***chanter les oiseaux.***

La proposition subordonnée infinitive contient un verbe à l'infinitif et son thème (on ne peut parler ici de sujet), qu'elle ne partage avec aucun autre verbe.
Dans l'exemple ci-dessus, *chanter* a un thème, *les oiseaux*, à lui seul ; il ne le partage pas avec *entends*. Ce ne sont, en effet, pas *les oiseaux* qui entendent !
Remarque : Ex. : *J'adore lire le soir.*
Dans ce cas, il n'y a pas de proposition subordonnée infinitive, puisque l'infinitif partage son thème avec le verbe de la proposition principale. C'est moi qui *adore* et c'est moi qui *lis*.

Ce thème du verbe peut précéder ou suivre le verbe à l'infinitif.
Ex. : *J'entends* ***les oiseaux chanter.*** / *J'entends* ***chanter les oiseaux.***

Enfin, la proposition subordonnée infinitive apparaît après :
- des verbes de perception (VOIR, ENTENDRE, SENTIR...)
  Ex. : *Je regarde* ***les enfants jouer.***
  Ex. : *J'entends* ***la sonnerie retentir.***
  Ex. : *Je sens* ***de bonnes odeurs monter de la cuisine.***
- les verbes FAIRE et LAISSER
  Ex. : *La maîtresse a fait* ***se ranger les élèves deux par deux.***
  Ex. : *La maîtresse a laissé* ***les élèves s'égailler dans la cour.***

2) Fonction de la proposition subordonnée infinitive

Elle ne peut être que **complément d'objet direct** du verbe de la proposition principale.

PROPOSITION SUBORDONNÉE INTERROGATIVE INDIRECTE

1) Caractéristiques essentielles

a) La proposition subordonnée interrogative indirecte peut être introduite par SI ou par les déterminants, adverbes et pronoms interrogatifs.

b) Elle apparaît après des verbes qui expriment ou suggèrent une recherche d'information (verbes d'interrogation, d'ignorance...)
Ex. : *Je me demande si elle viendra.*
Ex. : *Je ne sais pas si elle viendra.*

c) Elle peut, comme la phrase interrogative, être totale ou partielle. Elle correspond, en effet, à une phrase interrogative, ayant perdu toutes les marques de ce type de phrases. (Voir Types de phrases, p. 109.)
Ex. : *Viendra-t-elle ? / Je me demande si elle viendra.*
Dans la proposition subordonnée interrogative indirecte ci-dessus, l'inversion du sujet et la ponctuation caractéristiques du type interrogatif ont disparu.

d) Lorsqu'elle est totale, elle est introduite par la seule conjonction de subordination, SI (appelé aussi parfois « adverbe interrogatif »).
Ex. : *Je me demande si elle viendra.*

e) Lorsqu'elle est partielle, elle peut être introduite par
– les déterminants interrogatifs QUEL, QUELLE, QUELS, QUELLES et COMBIEN DE
Ex. : *Dis-moi quel chapeau tu préfères.*
Ex. : *Dis-moi combien de chapeaux tu as.*
– les adverbes interrogatifs OÙ, QUAND, POURQUOI, COMBIEN et COMMENT
Ex. : *Dis-moi où tu vas.*
Ex. : *Dis-moi quand tu seras de retour.*
Ex. : *Dis-moi pourquoi tu pleures.*
Ex. : *Dis-moi combien je te dois.*

Ex. : *Dis-moi comment y aller.*
– tous les pronoms interrogatifs : QUI, QUE, QUOI et les formes composées LEQUEL, LAQUELLE, LESQUELS...
Ex. : *Dis-moi qui tu préfères.*
Ex. : *Dis-moi ce que tu veux.*
Ex. : *Dis-moi à quoi tu penses.*
Ex. : *Dis-moi lequel tu préfères.*
Remarque : QUE devient CE QUE et QU'EST-CE QUI devient CE QUI.

2) FONCTION DE LA PROPOSITION SUBORDONNÉE INTERROGATIVE INDIRECTE

La proposition subordonnée interrogative indirecte exerce uniquement la fonction de complément d'objet direct du verbe.

3) MODES ET TEMPS DANS LA PROPOSITION SUBORDONNÉE INTERROGATIVE INDIRECTE

Les deux modes possibles sont l'indicatif et l'infinitif.
Ex. : *Dis-moi où tu vas.*
Ex. : *Dis-moi où aller.*

La concordance des temps s'applique de la façon suivante :

Verbe de la proposition principale	Verbe de la proposition subordonnée conjonctive		
	Antériorité	Simultanéité	Postériorité
Présent	Passé composé	Présent	Futur simple
Ex. : *Je te demande*	*où tu es allé.*	*où tu vas.*	*où tu iras.*
Futur simple			
Ex. : *Je te demanderai*	*où tu es allé.*	*où tu vas.*	*où tu iras.*
Imparfait	Plus-que-parfait	Imparfait	Conditionnel présent
Ex. : *Je te demandais*	*où tu étais allé.*	*où tu allais.*	*où tu irais.*
Passé simple			
Ex. : *Je te demandai*	*où tu étais allé.*	*où tu allais.*	*où tu irais.*
Passé composé			
Ex. : *Je t'ai demandé*	*où tu étais allé.*	*où tu allais.*	*où tu irais.*
Conditionnel passé			
Ex. : *Je t'aurais demandé*	*où tu étais allé.*	*où tu allais.*	*où tu irais.*

PROPOSITION SUBORDONNÉE PARTICIPIALE

1) Caractéristiques essentielles

La proposition subordonnée participiale n'est introduite par aucun mot subordonnant. Elle est séparée du verbe de la proposition principale par un signe de ponctuation (virgule, tirets ou parenthèses). Par ailleurs, elle est mobile dans la phrase.

Ex. : *Le temps aidant, elle l'oubliera. / Elle l'oubliera, le temps aidant.*

La proposition subordonnée participiale contient un verbe au participe présent et son thème (on ne peut parler ici de sujet), qu'elle ne partage avec aucun autre verbe.

Ex. : *Les grilles s'ouvrant, les clients se précipitèrent dans le magasin.*

Dans l'exemple ci-dessus, *s'ouvrant* a un thème, *les grilles*, à lui seul ; il ne le partage pas avec *se précipitèrent*. Ce ne sont, en effet, pas les grilles qui se précipitent !

Ex. : *S'impatientant, le candidat perdit son sang-froid.*

Dans ce cas, il n'y a pas de proposition subordonnée participiale, puisque le participe partage son thème avec le verbe de la proposition principale. C'est *le candidat* qui s'impatiente et c'est lui aussi qui perd son sang-froid.

Le thème précède le participe présent.

Ex. : ~~*S'ouvrant les grilles*~~*, les clients se précipitèrent dans le magasin.*

2) Fonctions de la proposition subordonnée infinitive

Elle peut exercer la fonction de complément circonstanciel facultatif de :

– cause

Ex. : *Toutes les indications étant fausses, nous nous perdîmes.*

– temps

Ex. : *Le soleil se couchant, nous rentrâmes.*

PROPOSITION SUBORDONNÉE RELATIVE

1) Caractéristiques essentielles

La proposition subordonnée relative est introduite par un pronom relatif.
(Voir Pronom relatif, p. 33.)

Dans la proposition subordonnée relative, le pronom relatif enchâsse la proposition subordonnée dans la principale, établit une démarcation entre ces deux propositions et exerce une fonction dans la subordonnée.

Ex. : *Le guide* ***qui nous accompagnait*** *fut très apprécié de tous.*

Dans cet exemple, le pronom relatif QUI assume la fonction de sujet dans la proposition subordonnée relative. Cette particularité le distingue des conjonctions de subordination qui, elles, n'exercent aucune fonction dans la proposition subordonnée conjonctive. (Voir Proposition subordonnée conjonctive, p. 114.)

2) Fonctions de la proposition subordonnée relative

a) Lorsque le pronom relatif qui l'introduit a un antécédent, la proposition subordonnée relative peut exercer les fonctions :

– d'épithète
  Ex. : *Le guide* ***qui nous accompagnait*** *fut très apprécié de tous.*
– d'épithète détachée
  Ex. : *Le guide,* ***qui était égyptien,*** *fut très apprécié de tous.*
– d'attribut du sujet
  Ex. : *Ils étaient là,* ***qui la regardaient avec méfiance.***
– d'attribut du complément d'objet
  Ex. : *Elle a les cheveux* ***qui poussent vite.***
– de complément :
• du pronom
  Ex. : *Choisis celui* ***que tu préfères.***
• de l'adjectif
  Ex. : *Idiote* ***que je suis !***
• de l'adverbe
  Ex. : *On se souvient de lui partout* ***où il est passé !***

b) Lorsque le pronom relatif qui l'introduit n'a pas d'antécédent, la proposition subordonnée relative peut exercer les fonctions de :

– sujet
  Ex. : *Qui m'aime* me suive !
– attribut
  Ex. : *C'est grâce à ses parents qu'il devint* qui il est.
– complément :
• d'objet direct
  Ex. : *Embrassez* qui vous voulez.
• d'objet indirect (ou second)
  Ex. : *Ils montrèrent leurs œuvres* à qui voulait les voir.
• d'agent
  Ex. : *Ce thème est connu* de quiconque a assisté à la conférence.
• du nom
  Ex. : *C'est l'emblème* de qui vous savez.
• de l'adjectif
  Ex. : *Soyez reconnaissants* envers qui veut vous aider.
• circonstanciel de lieu ou de concession
  Ex. : Où tu iras, *j'irai.*
  Ex. : Quoi que tu fasses, *je te soutiendrai.*

3) Modes dans la proposition subordonnée relative

Le verbe de la proposition subordonnée relative est, le plus souvent, à l'indicatif.

Il est au subjonctif quand l'action est incertaine, c'est-à-dire :

– après un antécédent indéfini, quand le verbe exprime l'incertitude
  Ex. : *Je cherche un libraire* qui puisse me fournir ce livre rare.
– après un antécédent accompagné d'un superlatif ou d'un adjectif de sens proche (UNIQUE, SEUL, PREMIER, DERNIER...)
  Ex. : *C'est le pays le plus sûr* que j'aie jamais visité.
  Ex. : *Elle est la seule amie* qu'il ait jamais eue.
– après une proposition principale interrogative ou négative
  Ex. : *Il n'y a aucun événement* qui puisse justifier un tel acte.
  Ex. : *Y a-t-il un événement* qui puisse justifier un tel acte ?

– après une proposition subordonnée conjonctive, complément circonstanciel d'hypothèse ou de concession

Ex. : *S'il est une personne* **qui ait vu cet enfant,** *qu'elle se manifeste.*

Ex. : ***Quelle que soit la personne qui ait vu cet enfant,*** *qu'elle se manifeste.*

Le verbe peut aussi être à l'infinitif.

Ex. : *Il cherche un endroit* **où être en sécurité.**

Ex. : *Ces pauvres gens n'ont même pas* **de quoi nourrir leur famille** *!*

534

Composition PCA – Rezé
Achevé d'imprimer en Europe
à Pössneck (Thuringe, Allemagne)
en juin 2002 pour le compte de E.J.L.
84, rue de Grenelle, 75007 Paris
Dépôt légal juin 2002
Diffusion France et étranger : Flammarion